Les Cahiers Istra

CM2
Cycle 3

Sciences et technologie

Catherine Vilaro
Conseillère pédagogique

Didier Fritz
Inspecteur de l'Éducation nationale

NOUVEAUX PROGRAMMES 2016

istra

Avant-propos

Une démarche spiralaire conforme aux nouveaux programmes

La collection **Les Cahiers Istra Sciences et technologie** propose une démarche structurée pour « permettre aux élèves de construire des connaissances nécessaires pour comprendre le monde qui les entoure et développer leur capacité à raisonner » (B. O. du 26 novembre 2015).
Les programmes 2016 sont spiralaires : « Les apprentissages, repris et approfondis lors des cycles successifs, se poursuivront tout au long de la scolarité en faisant appel à des idées de plus en plus élaborées, abstraites et complexes. » La collection adopte cette démarche spiralaire en créant une véritable continuité entre le cycle 2 (« Questionner le monde du vivant, de la matière et des objets ») et le cycle 3 (« Sciences et technologie »). Une proposition de répartition des thèmes et des notions par niveau du cycle 2 et du cycle 3 est proposée pour aider les enseignants à mettre en œuvre cette démarche entre les niveaux.

La démarche scientifique d'investigation

Le cahier « tout en un » permet d'accompagner et de mettre en œuvre la démarche scientifique d'investigation et de développer les compétences affirmées par les textes officiels.

- « **Je connais déjà** » : à l'oral et en collectif, un débat permet la mise en commun des connaissances des élèves, pré-requis ou savoirs quotidiens. La discussion se poursuit à partir de photographies pour faire émerger les représentations initiales des élèves.
- « **J'observe et j'expérimente** / **je m'interroge** » : une démarche guidée d'investigation permet de s'approprier des outils et des méthodes et de structurer progressivement l'observation, l'expérimentation, la description, la modélisation, le raisonnement et la conclusion.
- « **Je conclus** » : les élèves complètent un court texte de synthèse en utilisant les mots-clés de la leçon.
- « **J'utilise ce que j'ai appris** » : une phase de réinvestissement immédiat des savoirs et des savoir-faire acquis, pour vérifier les acquis et préparer l'évaluation.
- « **Je retiens** » : l'essentiel de ce qu'il faut retenir sous forme de carte mentale très illustrée, pour faciliter la compréhension, l'appropriation et la mémorisation à long terme.

Des ressources numériques complémentaires

- Pour chaque niveau, nous proposons une clé USB de ressources numériques, conçues comme de véritables compléments aux leçons du cahier. Elles sont intégrées à la démarche pédagogique de chaque séance. Elles sont signalées dans le cahier par le logo :
  - des vidéos et animations d'expériences commentées ;
  - des photographies et diaporamas ;
  - des schémas animés ;
  - les cartes mentales interactives ;
  - des exercices interactifs.
- Chaque cahier est disponible en version numérique pour la vidéoprojection en classe ou l'utilisation sur tablette, sur ordinateur et en ligne.

Le guide pédagogique

Le guide pédagogique accompagne l'enseignant tout au long de la leçon : exposé des notions scientifiques en jeu, place de la leçon au regard des programmes officiels et du Socle commun, déroulé complet de la séquence avec des pistes pédagogiques et les corrigés des exercices du cahier. Il propose également des projets transversaux à travailler en collectif tout au long de l'année.

ISBN : 978-2-01-394790-9

Proposition de progression annuelle – Cycle 3

Sciences et technologie

CM1	CM2	6e
Matière, énergie, mouvement		
1 La diversité de la matière	1 Les propriétés de la matière	• L'utilisation de la matière et le recyclage • La transformation de la matière
2 Mélanges et solutions	2 Les constituants d'un mélange	• Les mélanges gazeux : l'exemple de l'air
3 L'énergie	3 La transformation de l'énergie	• Les sources d'énergie renouvelables et non renouvelables • L'exploitation raisonnée des sources d'énergie
	4 Identifier un signal et une information	• La nature et le codage d'un signal
4 Les objets et les personnes en mouvement	5 Les objets en mouvement	• La vitesse du mouvement : constante ou variable
La Terre, les êtres vivants dans leur environnement		
5 Le mouvement de la Terre	6 La Terre dans le système solaire	• L'histoire de la Terre et du développement de la vie • Les conditions de la vie sur Terre • Les manifestations de la Terre : volcans et séismes
	7 La biodiversité	• Les interactions et la nature d'un peuplement en fonction du milieu et/ou de la saison • L'aménagement de l'espace par les hommes et les contraintes naturelles
Le vivant, sa diversité et ses fonctions		
6 Les conditions de vie des végétaux	8 La reproduction des végétaux	• Les échanges de matière avec le milieu
7 Les comportements alimentaires des animaux		
8 La naissance et la croissance des animaux	9 La reproduction de l'être humain	• La puberté : modifications morphologiques, comportementales et physiologiques
9 Les aliments	10 Les besoins alimentaires de l'être humain	• La nature des apports alimentaires : origine et transformation ; apports discontinus et besoins continus • Les fonctions de nutrition du corps humain • Processus de conservation / microorganismes pathogènes
10 La classification du vivant	11 L'évolution du vivant	• Le changement du peuplement de la Terre au cours du temps
Matériaux et objets techniques		
11 Des objets pour écrire	12 Des objets pour se déplacer	• Analyser et représenter le fonctionnement d'un objet technique
12 Concevoir une solution technologique : les ponts	13 Concevoir une solution technologique : les objets flottants	• Modéliser une solution technique
13 L'environnement numérique		

Présentation

Pour l'élève

Le cahier CM2

- Un cahier « tout en un » pour accompagner et mettre en œuvre la **démarche scientifique**.
- Des activités claires, fondées sur l'**observation** de documents variés, l'**interrogation**, la formulation d'**hypothèses**, la **recherche** et l'**expérimentation**.
- Des **activités interdisciplinaires** pour créer du lien entre les sciences et les mathématiques.

La planète Terre

7 La biodiversité

Quelle est la diversité des êtres vivants dans la nature ?

Je connais déjà

Notre monde est constitué d'une grande diversité : diversité des milieux de vie (forêt, désert, océan...), diversité des espèces et diversité des individus au sein d'une même espèce.

Observe ces photographies, puis réponds aux questions.

De quel milieu naturel s'agit-il ?

Combien d'êtres vivants différents comptes-tu ?

Quels sont les deux milieux de vie réunis dans ce milieu ?

À quels animaux ce milieu est-il favorable ?

En quoi ce milieu est-il un milieu diversifié ?

Selon toi, quels animaux pourraient vivre dans le champ au milieu du paysage ?

Combien d'espèces végétales différentes identifies-tu dans ce parc ?

Selon toi, quels animaux ont pour milieu de vie le lac ?

31

La mascotte lance un débat oral, pour inciter les élèves à argumenter et partager leurs connaissances et leurs représentations.

Une rubrique « Je connais déjà » pour réactiver les prérequis à partir de photographies.

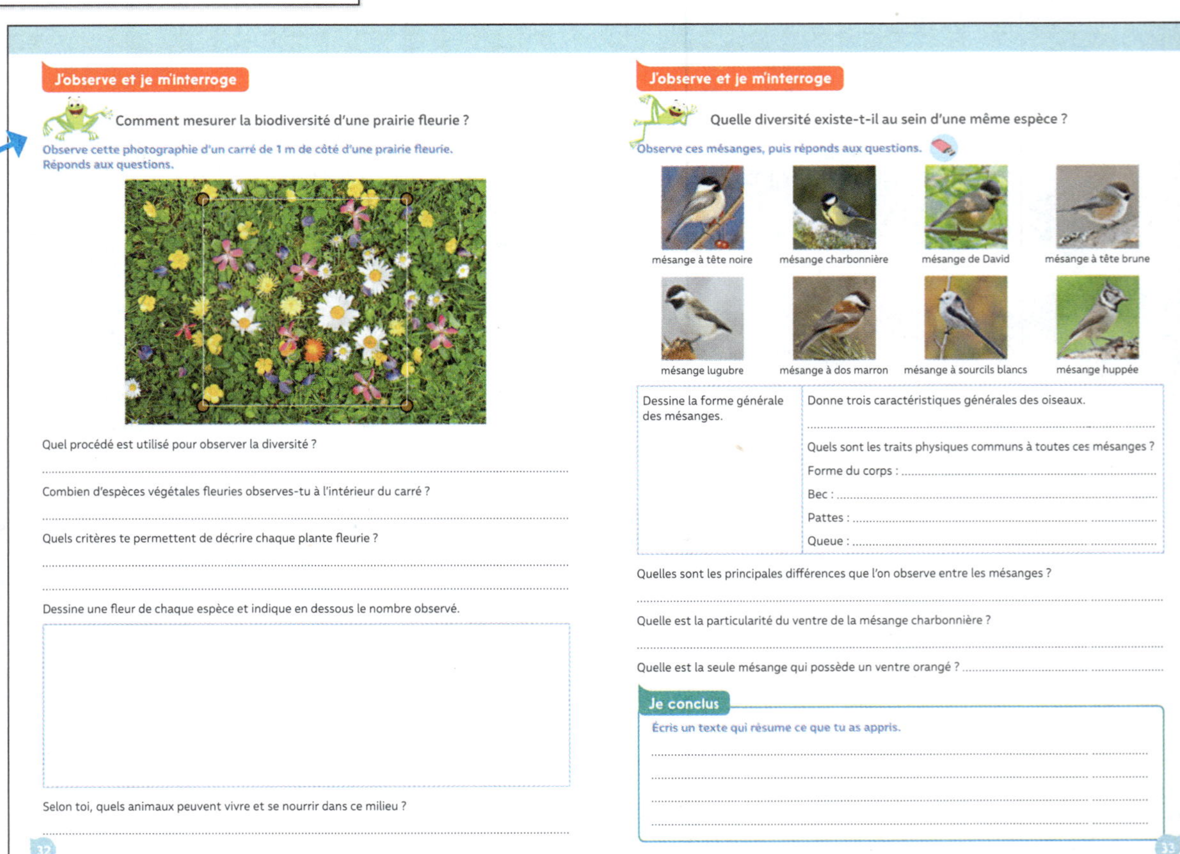
J'observe et je m'interroge

Comment mesurer la biodiversité d'une prairie fleurie ?

Observe cette photographie d'un carré de 1 m de côté d'une prairie fleurie. Réponds aux questions.

Quel procédé est utilisé pour observer la diversité ?

Combien d'espèces végétales fleuries observes-tu à l'intérieur du carré ?

Quels critères te permettent de décrire chaque plante fleurie ?

Dessine une fleur de chaque espèce et indique en dessous le nombre observé.

Selon toi, quels animaux peuvent vivre et se nourrir dans ce milieu ?

32

J'observe et je m'interroge

Quelle diversité existe-t-il au sein d'une même espèce ?

Observe ces mésanges, puis réponds aux questions.

mésange à tête noire, mésange charbonnière, mésange de David, mésange à tête brune, mésange lugubre, mésange à dos marron, mésange à sourcils blancs, mésange huppée

Dessine la forme générale des mésanges.

Donne trois caractéristiques générales des oiseaux.

Quels sont les traits physiques communs à toutes ces mésanges ?
Forme du corps :
Bec :
Pattes :
Queue :

Quelles sont les principales différences que l'on observe entre les mésanges ?

Quelle est la particularité du ventre de la mésange charbonnière ?

Quelle est la seule mésange qui possède un ventre orangé ?

Je conclus

Écris un texte qui résume ce que tu as appris.

33

Une double page « J'observe et je m'interroge » ou « J'observe et j'expérimente » qui suit la démarche scientifique : questionnement, hypothèse, observation/expérimentation et conclusion.

de la méthode

Une rubrique **« J'utilise ce que j'ai appris »** pour réinvestir les connaissances et le lexique de la leçon.

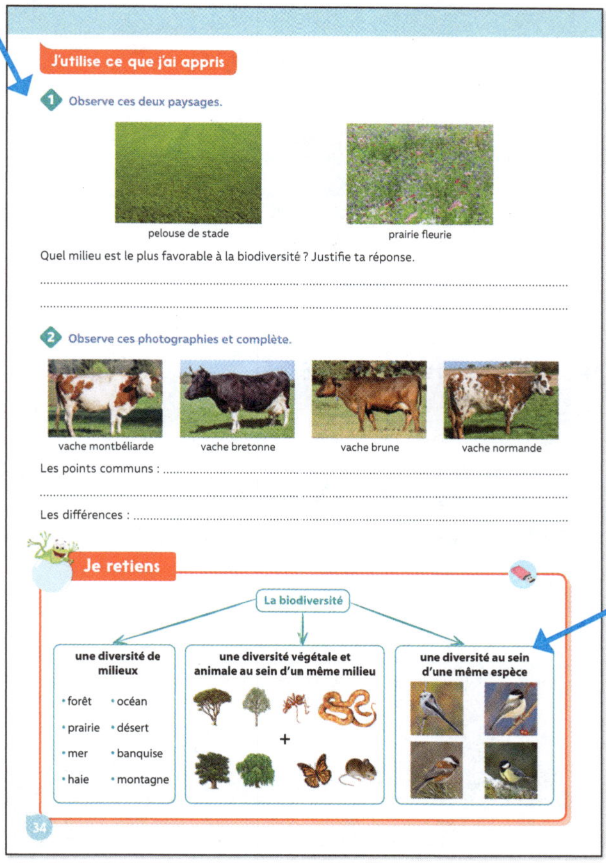

J'utilise ce que j'ai appris

1 Observe ces deux paysages.

pelouse de stade

prairie fleurie

Quel milieu est le plus favorable à la biodiversité ? Justifie ta réponse.

....

2 Observe ces photographies et complète.

vache montbéliarde · vache bretonne · vache brune · vache normande

Les points communs : ....

Les différences : ....

Je retiens

La biodiversité

- une diversité de milieux : forêt, océan, prairie, désert, mer, banquise, haie, montagne
- une diversité végétale et animale au sein d'un même milieu
- une diversité au sein d'une même espèce

34

Une rubrique **« Je retiens »** pour faciliter la mémorisation à long terme à travers des schémas et des cartes mentales.

Pour la classe et le professeur

La clé USB

- Une **clé USB** par niveau.
- **Près de 100 ressources complémentaires** aux leçons du cahier.
- Des **ressources multimédias** variées :
  - des vidéos ;
  - des animations ;
  - des expériences filmées ;
  - des photographies ;
  - les cartes mentales de synthèse interactives…
- Une **fiche d'explication** par leçon :
  - l'utilisation de chaque ressource dans la séquence et la séance ;
  - les questions à poser ;
  - des pistes d'exploitation…

Le guide pédagogique

- L'**exposé des notions scientifiques** en jeu au regard des programmes officiels et du Socle commun.
- Le **déroulé complet de la séquence** avec des pistes pédagogiques.
- Les **corrigés des activités** du cahier.
- Des **projets transversaux** à travailler en collectif tout au long de l'année.

Sommaire

Avant-propos 2
Proposition de progression annuelle pour le cycle 3 3

Matière, mouvement, énergie

1 Les propriétés de la matière 7
2 Les constituants d'un mélange 11
3 La transformation de l'énergie 15
4 Identifier un signal et une information 19
5 Les objets en mouvement 23

La Terre, les êtres vivants dans leur environnement

6 La Terre dans le système solaire 27
7 La biodiversité 31

Le vivant, sa diversité et ses fonctions

8 La reproduction des végétaux 35
9 La reproduction de l'être humain 39
10 Les besoins alimentaires de l'être humain 43
11 L'évolution du vivant 47

Matériaux et objets techniques

12 Des objets pour se déplacer 51
13 Concevoir une solution technologique : les objets flottants 55

Mon lexique 59

1 Les propriétés de la matière

Je connais déjà

Certaines matières flottent, d'autres coulent, d'autres encore conduisent l'électricité.

Observe ces photographies, puis réponds aux questions.

Quelles matières d'origine naturelle ont été utilisées pour construire ce chalet ?

....

....

Quelles matières fabriquées ont été employées pour faire cette brouette ?

....

....

Quelle matière autre que le verre compose une paire de lunettes ?

....

....

Quelles sont les matières utilisées pour fabriquer ce marteau ?

....

....

J'observe et j'expérimente

Toutes les matières ont-elles la même masse pour un volume identique ?

Observe l'expérience et complète le tableau.

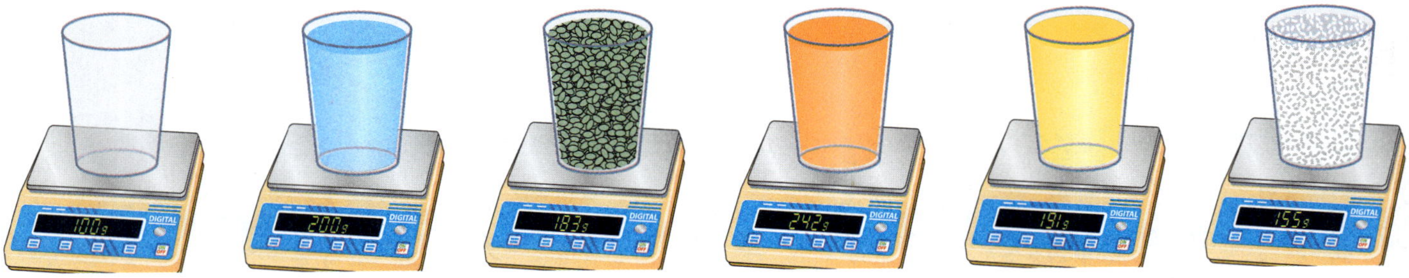

verre vide 100 g | eau 200 g | lentilles 183 g | miel 242 g | huile 191 g | farine 155 g

Matière	Masse (verre + matière)	Masse du verre	Masse de la matière
eau	200 g	100 g	100 g
lentilles	....	100 g	....
miel	....	100 g	....
huile	....	100 g	....
farine	....	100 g	....

Que peux-tu conclure de cette expérience ?

....

Quelles matières solides flottent ou coulent ?

Observe si la matière flotte ou coule quand on la pose sur l'eau. Dessine l'expérience.

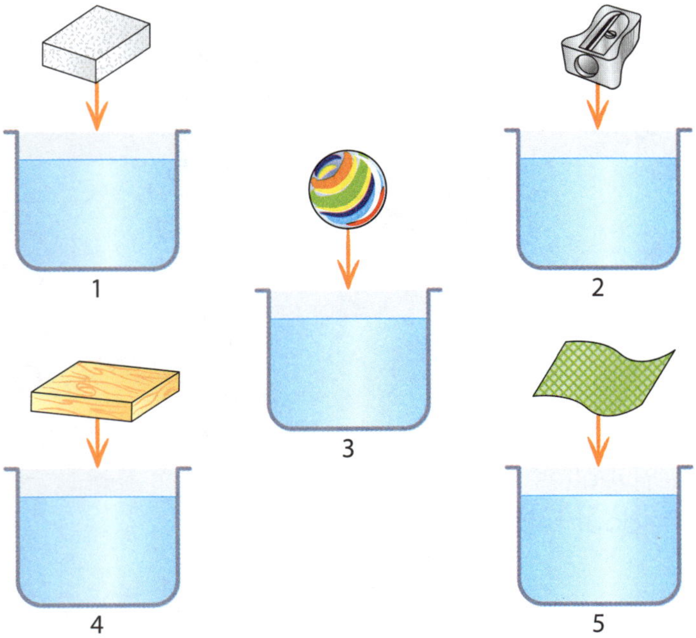

Complète le tableau avec OUI ou NON.

Matière	Flotte	Coule
1 polystyrène	....	....
2 métal	....	....
3 verre	....	....
4 bois	....	....
5 tissu	....	....

J'observe et j'expérimente

Toutes les matières conduisent-elles l'électricité ou la chaleur ?

1 **Réalise ce montage électrique et ferme le circuit avec différentes matières. Dessine et complète les schémas.**

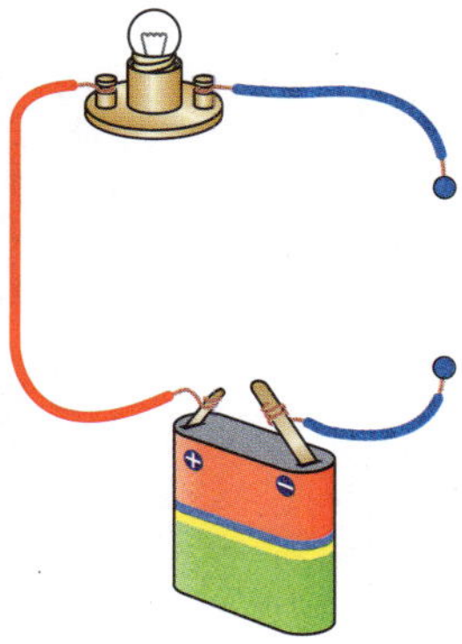

objet en plastique

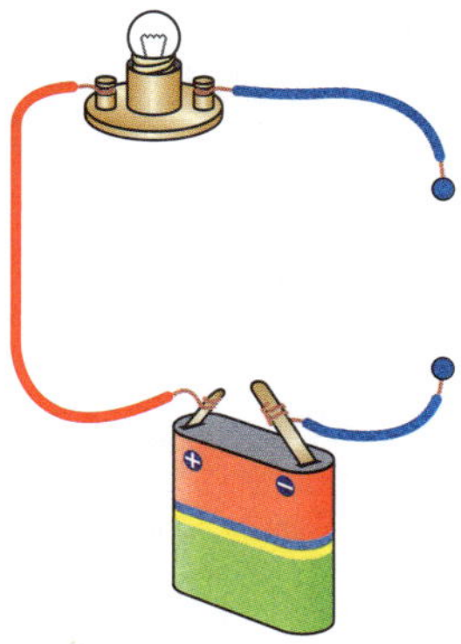

objet en verre

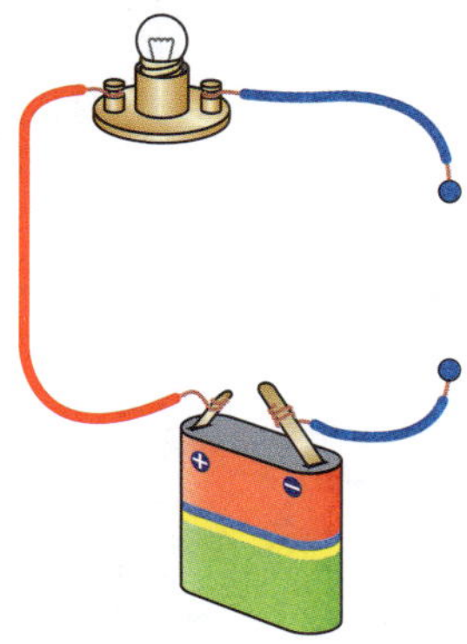

fil en cuivre

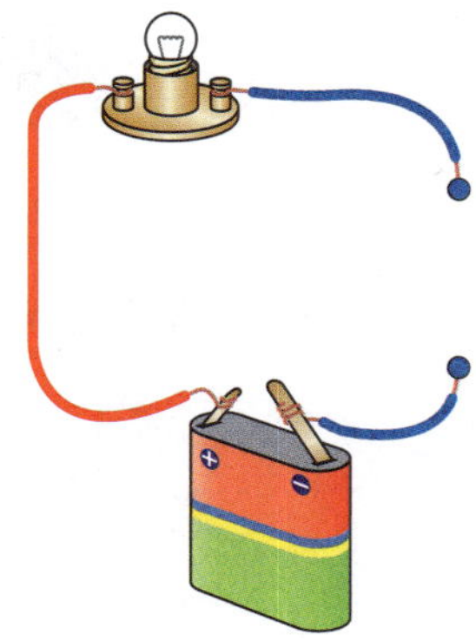

clou en acier

Les matières qui conduisent le courant électrique : ....

Les matières isolantes du courant électrique : ....

2 **Réalise cette expérience sur les matières et la chaleur, puis réponds aux questions.**

Sous l'effet de la chaleur, le beurre fond.

1. Prends 3 cuillères de la même taille : en métal, en bois et en plastique.

2. Place un petit bout de beurre, puis colle une perle sur chaque cuillère à la même hauteur.

3. Prépare une tasse d'eau très chaude.

4. Place les 3 cuillères dans l'eau chaude. Si la perle tombe au cours de l'expérience, elle doit tomber hors de la tasse.

5. Chronomètre le temps que chaque perle met avant de tomber.

Quelle perle tombe en premier ? Pourquoi ?

....

....

Quelle perle tombe en deuxième ?

....

Quelle perle tombe en dernier ?

....

Je conclus

Écris un texte qui résume ce que tu as appris.

....

....

....

....

J'utilise ce que j'ai appris

1 Entoure les matières qui sont moins lourdes que l'eau pour un volume égal.

lentille

miel

huile

farine

2 Dessine l'objet indiqué dans chacun de ces récipients d'eau.

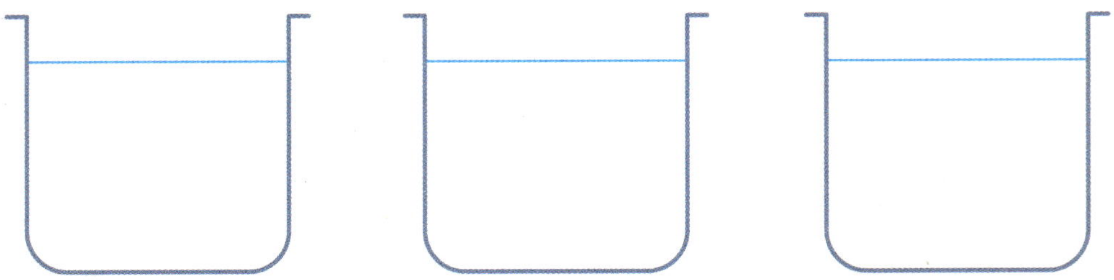

une gomme en plastique — un taille-crayon — un crayon à papier

3 Complète par OUI ou NON dans chaque case du tableau.

Matière	Conductrice du courant électrique	Conductrice de la chaleur
métal	....	....
bois	....	....
plastique	....	....

Je retiens

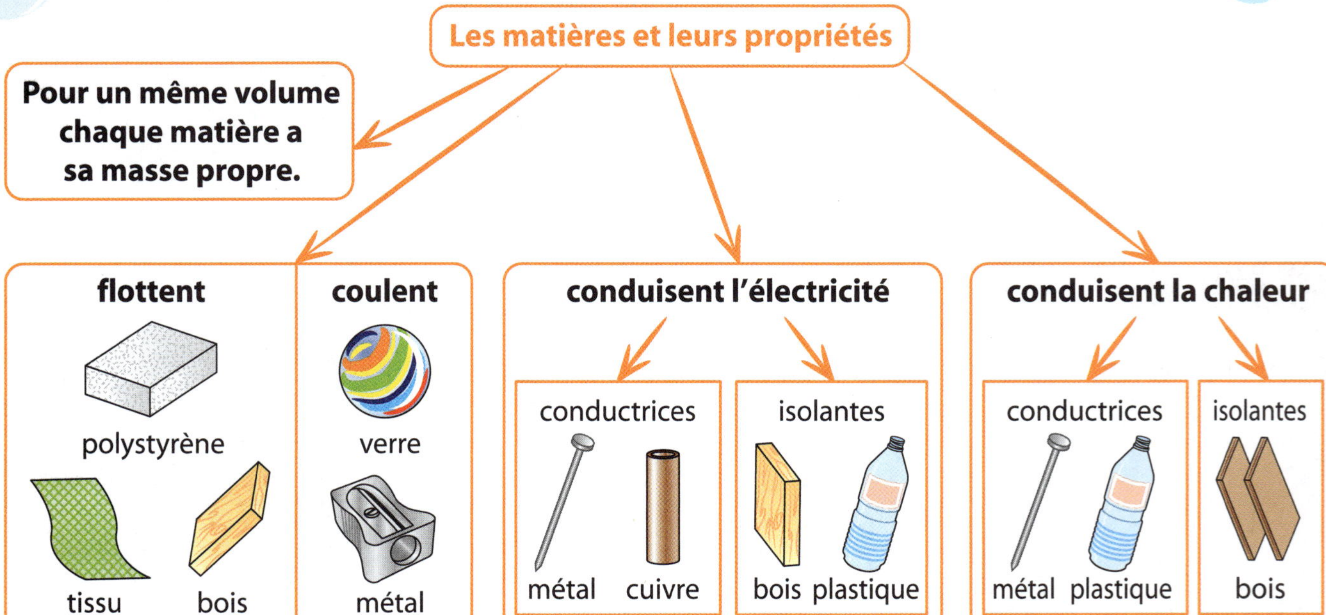

Les constituants d'un mélange

Je connais déjà

Un mélange est constitué de deux ou plusieurs constituants, solides ou liquides. Quand on ne peut pas distinguer les constituants, le mélange est homogène ; sinon il est hétérogène.

Observe ces photographies, puis réponds aux questions.

Ce mélange est-il homogène ou hétérogène ? Justifie.

....

....

Quels sont les produits utilisés pour réaliser cette pâte ?

....

....

Selon toi, quel mélange donne à ce torrent cette couleur marron ?

....

....

Cette vinaigrette (huile et vinaigre) est-elle homogène ou hétérogène ? Justifie.

....

....

J'observe et j'expérimente

Comment rendre limpide une eau boueuse ?

Effectue ces expériences et réponds aux questions.

1re étape : la décantation

Récupère de l'eau boueuse dans une bouteille en plastique et laisse le mélange reposer.

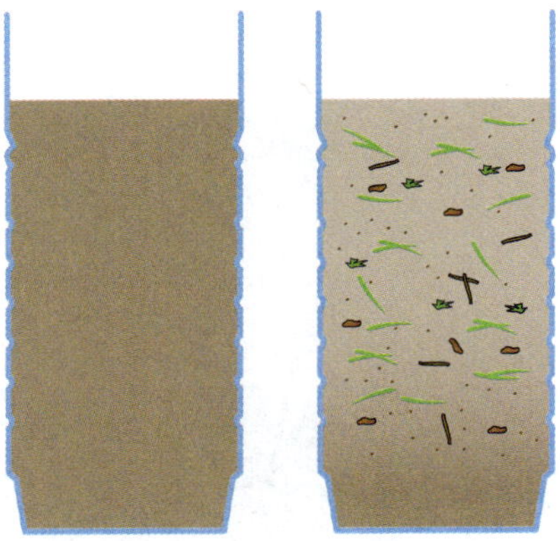

1. Mélange homogène **2.** Mélange hétérogène

Que contenait l'eau boueuse que tu as récupérée ?

……………………………………………………………………………………

Qu'observes-tu après la décantation ?

……………………………………………………………………………………

……………………………………………………………………………………

L'eau est-elle devenue limpide ? Justifie ta réponse.

……………………………………………………………………………………

……………………………………………………………………………………

2nde étape : la filtration

Verse l'eau décantée dans plusieurs filtres successifs. Complète les dessins et les observations.

(1) Verse doucement l'eau décantée.

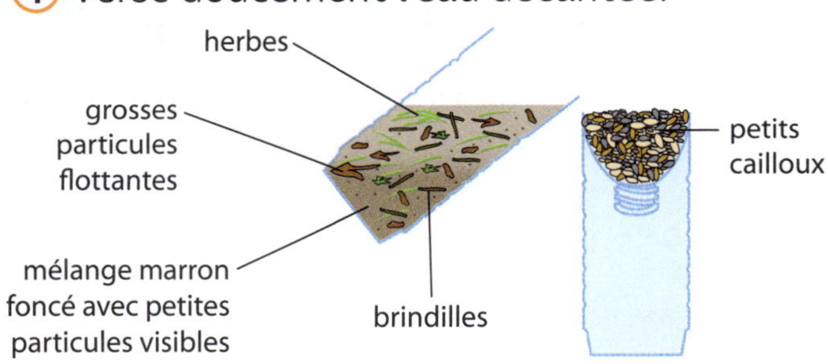

Le filtre en cailloux retient ……………………………

……………………………………………………………

(2) Verse le liquide filtré en (1).

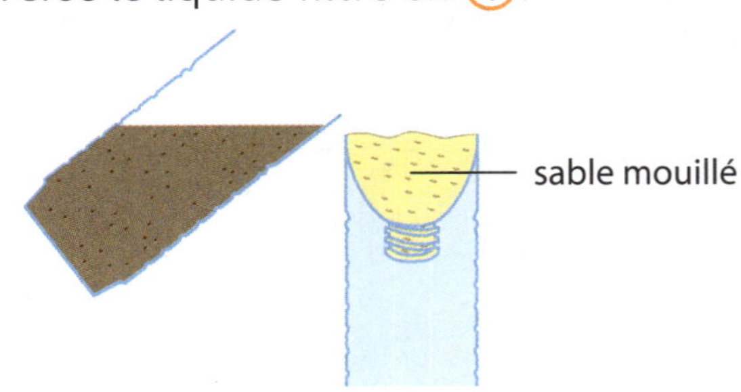

Le filtre en sable mouillé retient ……………………

……………………………………………………………

(3) Verse le liquide filtré en (2).

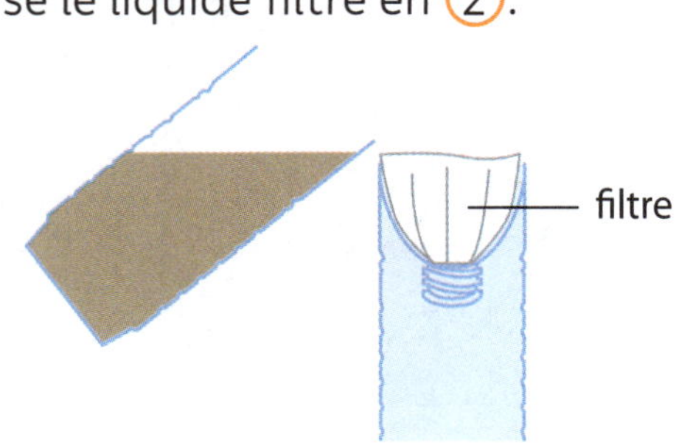

Le filtre à café retient ……………………………………

……………………………………………………………

(4) Verse le liquide filtré en (3).

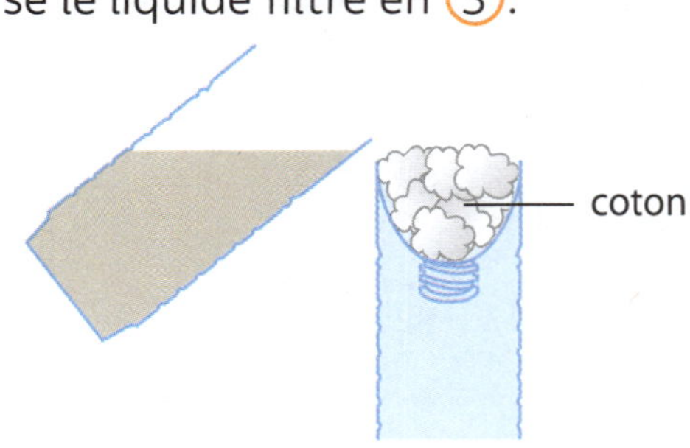

Le filtre en coton retient ……………………………………

……………………………………………………………

L'eau obtenue paraît limpide. Attention ! elle n'est pas potable : il ne faut pas la boire.

J'observe et j'expérimente

Comment enlever le sel de l'eau salée ?

Observe et réalise cette expérience de distillation. Complète les observations.

Dispositif expérimental

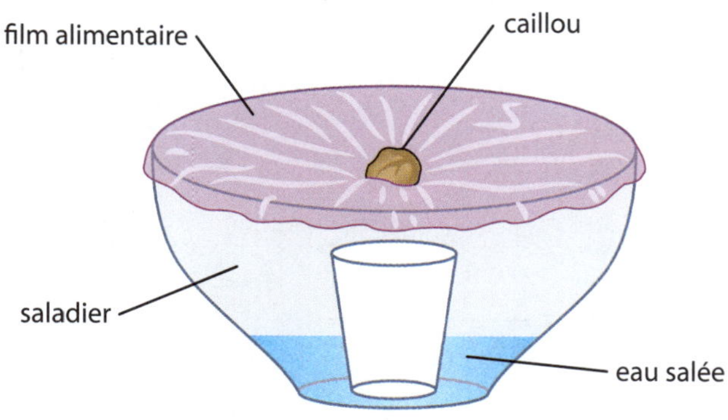

Matériel nécessaire : ....

....

Étape 1

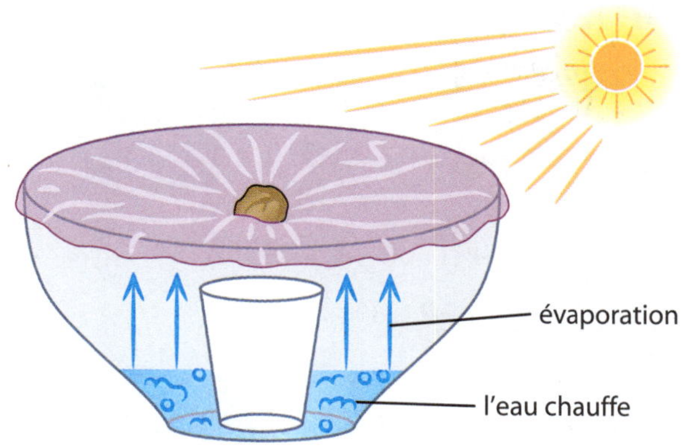

Le soleil ....

L'eau ....

Étape 2

Sur le film alimentaire, des ....

.... se forment.

Étape 3

L'eau ....

....

Quand on la goûte, elle ....

L'eau que tu obtiens grâce à la distillation solaire est une eau douce.

Je conclus

Écris un texte qui résume ce que tu as appris.

....

....

....

....

J'utilise ce que j'ai appris

1 Indique si les constituants de ces mélanges sont solides ou liquides, puis si le mélange est homogène ou hétérogène.

bonbons	eau + huile	eau + semoule	eau + sucre
		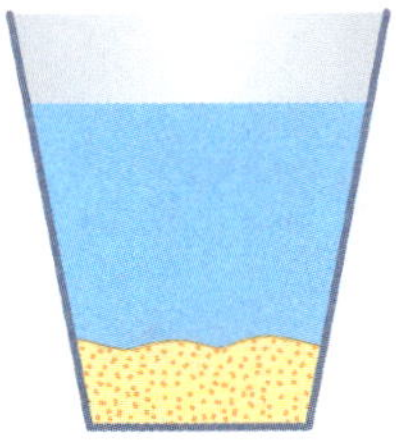	
solide + solide	....	....	....
mélange hétérogène	....	....	....

2 Numérote dans l'ordre les filtres à utiliser pour rendre l'eau limpide.

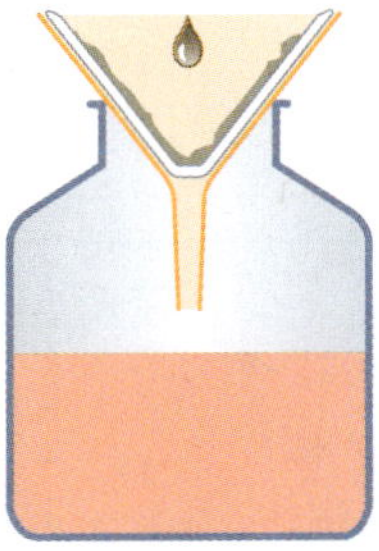		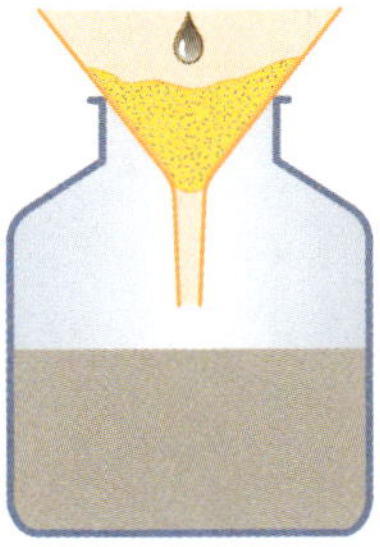	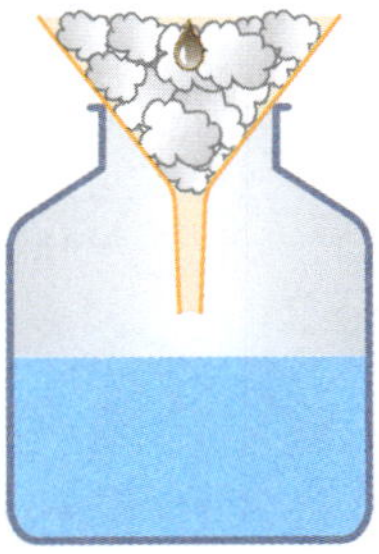
filtre à café	cailloux	sable	coton
(...)	(...)	(...)	(...)

Je retiens

Les mélanges
Pour séparer les constituants d'un mélange (eau + solide)

Mélange hétérogène

la décantation

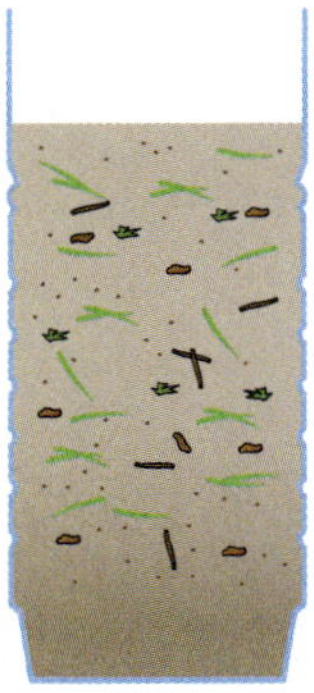

la filtration

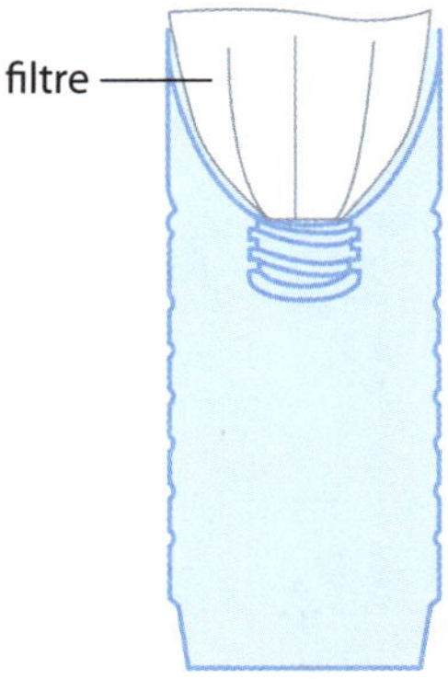

Mélange homogène

la distillation

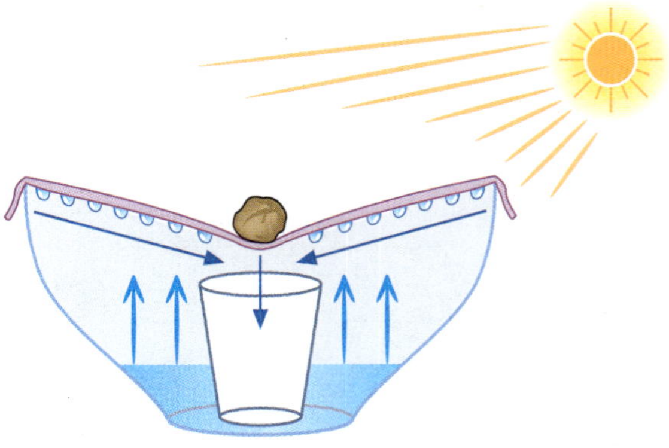

La transformation de l'énergie

Je connais déjà

L'énergie permet de se chauffer, de mettre en mouvement et d'éclairer.
Le bois, le soleil, le vent, la force de l'eau et le pétrole sont des sources d'énergie.

Observe ces photographies, puis réponds aux questions.

Quelle source d'énergie permet le déplacement des véhicules ?

....

Chaque voiture ne transporte qu'un seul passager. Comment pourrait-on faire des économies d'énergie ?

....

Quelle énergie est utilisée pour éclairer cette maison ?

....

Comment pourrait-on faire des économies d'énergie ?

....

....

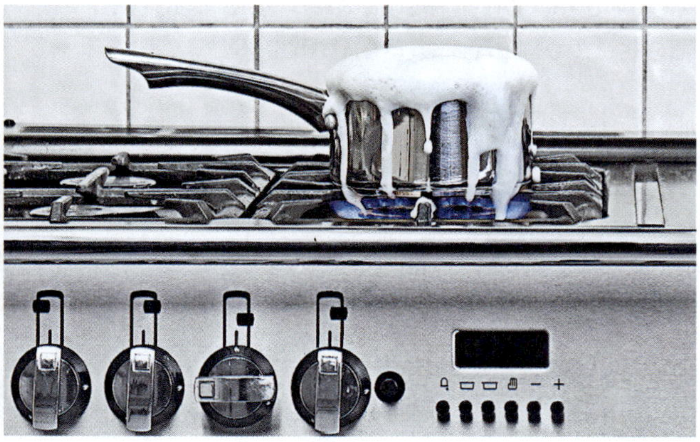

Pour chauffer cette casserole, quelle source d'énergie non renouvelable est employée ?

....

Que faudrait-il faire pour économiser cette source d'énergie ?

....

L'éolienne produit de l'électricité. Quelle source d'énergie renouvelable utilise-t-elle ?

....

Le panneau noir permet de produire de l'eau chaude. Quelle source d'énergie renouvelable utilise-t-il ?

....

J'observe et j'expérimente

Comment transformer l'énergie de l'eau en énergie mécanique ?

Réalise l'expérience de l'ascenseur à voiture et réponds aux questions.

Étape 1

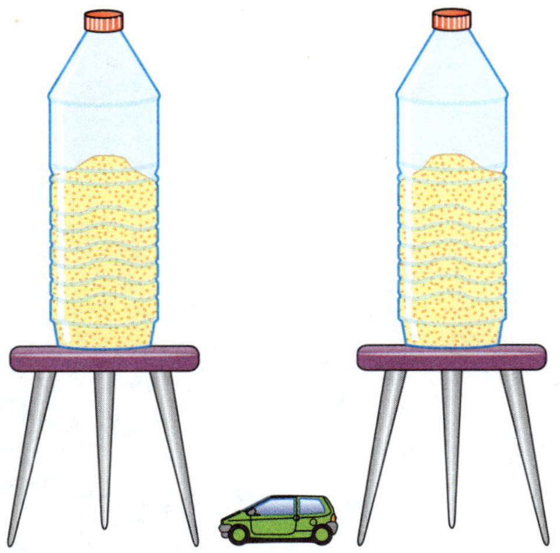

Étape 2

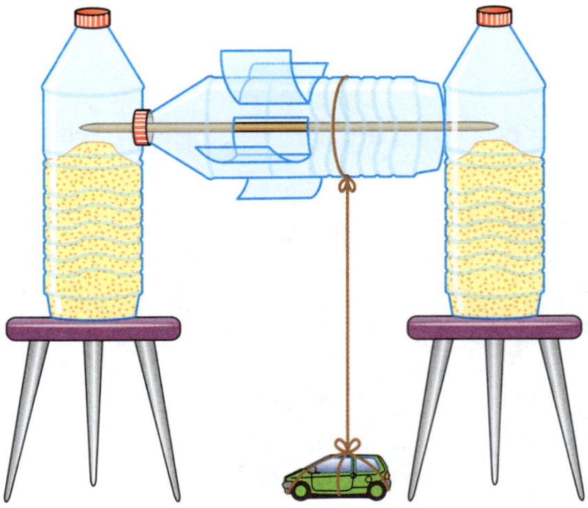

Étape 3

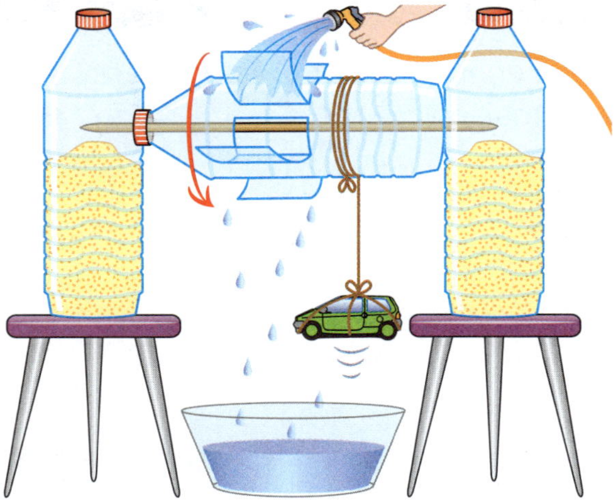

1. Remplis 2 bouteilles en plastique avec du sable.
2. Découpe 4 ailettes dans une troisième bouteille.
Traverse-la de haut en bas avec une baguette.
Fixe-la sur les 2 bouteilles-supports.
Elle doit pouvoir tourner autour de son axe.
Attache la petite voiture par une ficelle à la bouteille horizontale.
3. Verse de l'eau sur les ailettes jusqu'à ce que la voiture soit arrivée à hauteur de la bouteille horizontale.

De quel matériel as-tu besoin pour réaliser ce dispositif expérimental ?

....

....

Quelle énergie met le dispositif en mouvement ?

....

Quel est le type de mouvement de la bouteille horizontale ?

....

Quel est l'effet produit sur la petite voiture ?

....

Quel est le type de mouvement de la voiture ? Coche la bonne réponse.

❏ rectiligne vertical ❏ rectiligne horizontal ❏ circulaire

J'observe et je m'interroge

Comment éclairer en utilisant la force musculaire ?

1 Observe cette expérience et réponds aux questions.

Étape 1

Étape 2

Étape 3

Étape 4

Que doit faire Margaux avant de fournir un effort physique ?

....

Quelles parties de son corps utilise-t-elle pour pédaler ?

....

Selon toi, comment fait-on pour que la dynamo produise de l'électricité ?

....

Que se passe-t-il quand Margaux pédale avec la dynamo tournant sur la roue ?

....

2 Complète le tableau.

Étape	Effet produit	Source d'énergie
1 Margaux	Margaux prend des forces.	énergie des aliments
2 Margaux	Margaux fournit un	énergie ....
3 La dynamo tourne.	La dynamo produit de l'..............	énergie mécanique
4 La lampe s'..........................	La lampe produit de	énergie ....

Je conclus

Écris un texte qui résume ce que tu as appris.

....

....

....

....

J'utilise ce que j'ai appris

1 Écris, sous chaque énergie, si elle est renouvelable ou non renouvelable.

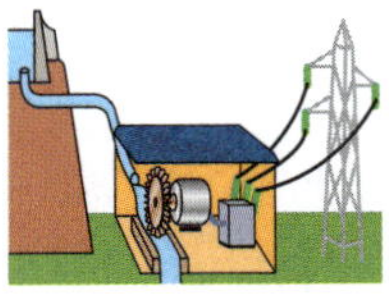

énergie de l'eau

....

gaz

....

essence

....

énergie éolienne

....

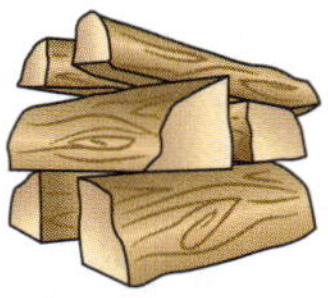

bois

....

2 Que faudrait-il faire dans chaque cas pour économiser l'énergie ?

....

....

....

3 Remets dans l'ordre les sources d'énergie utilisées pour produire la lumière du vélo.

énergie lumineuse (...)

énergie électrique (...)

énergie musculaire (...)

énergie fournie par les aliments (...)

Je retiens

La transformation de l'énergie

Certaines énergies peuvent être transformées pour en créer d'autres.

La matière

4 Identifier un signal et une information

Je connais déjà

Dans une journée, plusieurs signaux attirent notre attention.
Le téléphone sonne : je sais que quelqu'un appelle pour me parler.
Au signal, je cours sur la piste d'athlétisme.

Observe ces photographies, puis réponds aux questions.

Quelle information est donnée aux automobilistes ?

....

aux piétons ? ....

À l'aéroport, l'homme de piste donne un signal. Qui reçoit ce signal ?

....

....

Qui émet le signal ?

....

Qui reçoit le signal ?

....

Quel bâtiment émet un signal ?

....

Quelle information donne ce signal ?

....

J'observe et je m'interroge

Comment alerter en cas de risque majeur ?

Le risque majeur est la possibilité d'un événement grave d'origine naturelle ou technologique mettant en jeu la vie d'un grand nombre de personnes et occasionnant des dommages importants. Voici quelques-uns des risques majeurs dont il faut se protéger :

tempête

incendie

inondation

transport dangereux

accident nucléaire

tremblement de terre

Observe ces documents et réponds aux questions.

Le signal d'alerte est déclenché par le maire sur ordre du préfet.

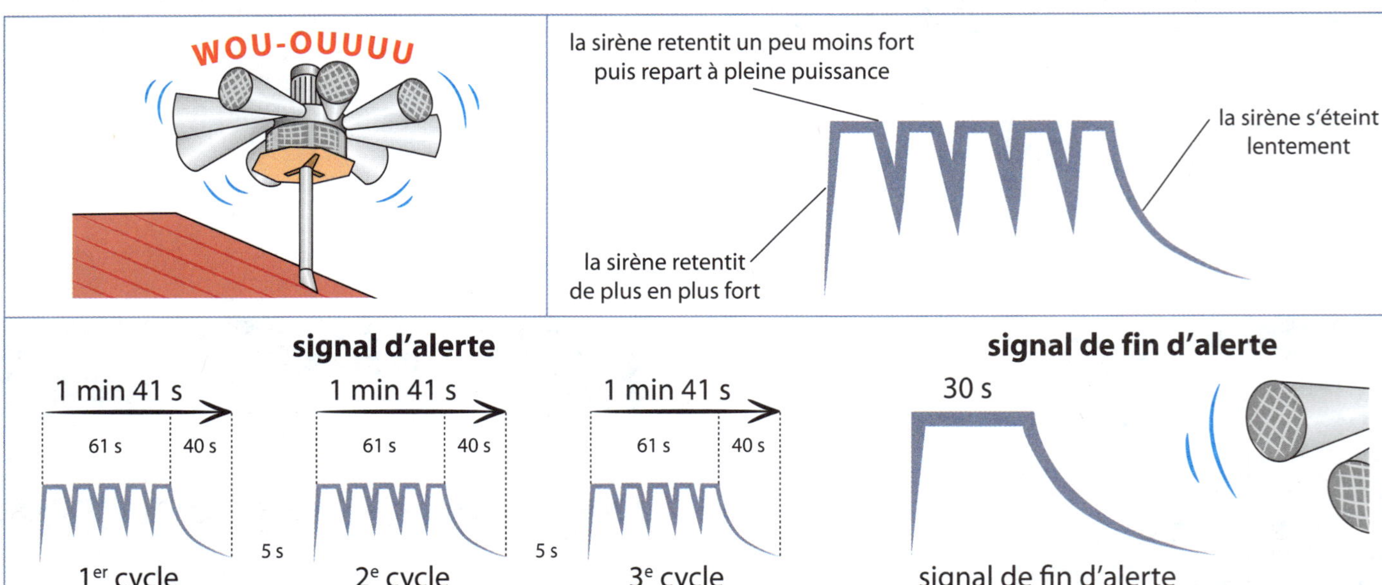

Qui est l'émetteur du signal d'alerte ? ....

Qui est le récepteur du signal d'alerte ? ....

De combien de cycles le signal d'alerte est-il composé ? ....

Comment se décompose un cycle et quelle est sa durée totale ?

....

Quelle est la durée totale du signal ? ....

J'observe et j'expérimente

Comment transmettre une information par un signal lumineux ?

Réalise ce montage électrique pour fabriquer le jeu « Qui suis-je ? ».

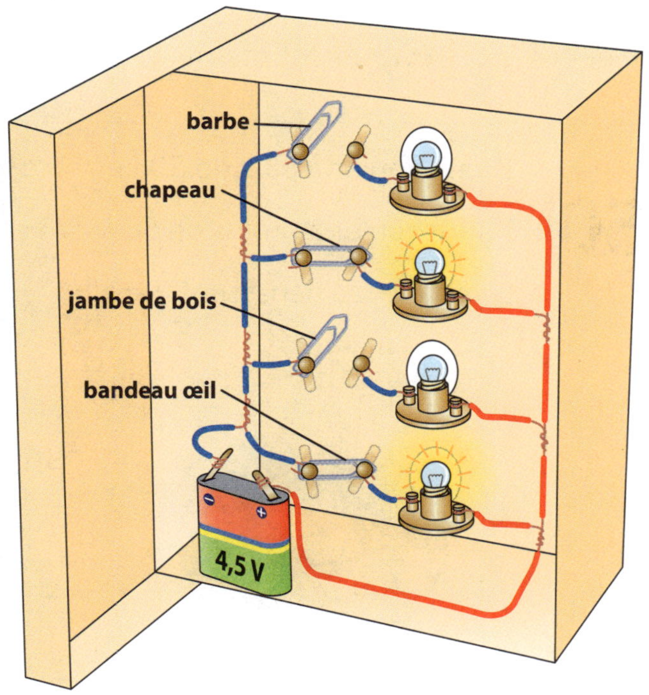

Tu dois trouver le bon corsaire !

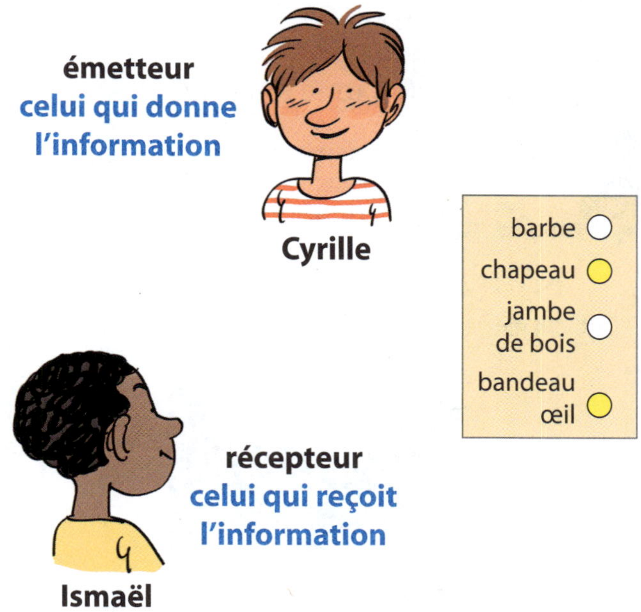

Comment le récepteur voit-il les réponses ?

....

Quelles sont les caractéristiques du corsaire désigné par l'émetteur ?

Il n'a pas ....

Il a ....

Il n'a pas ....

Il a ....

C'est le corsaire n°..................

Je conclus

Écris un texte qui résume ce que tu as appris.

....

....

....

....

J'utilise ce que j'ai appris

1 Quelle information est donnée par chaque signal ? Entoure la(les) phrase(s) exacte(s).

La voiture doit s'arrêter.

La voiture doit ralentir.

La voiture peut passer.

Le téléviseur est allumé.

Le téléviseur est éteint.

Le téléphone enregistre.

Le téléphone reçoit un appel.

Le téléphone diffuse de la musique.

Il faut rouler à plus de 50 km/h.

Il faut rouler à moins de 50 km/h.

Il ne faut pas dépasser 50 km/h.

2 Complète et réponds aux questions.

Émetteur : ....

Récepteur : ....

Que signifie le signal sonore ?

....

Émetteur : ....

Récepteur : ....

Quels sont les deux signaux qui avertissent d'un danger ? ....

....

....

Je retiens

Le signal

une information codée

- signal sonore 
- signal dessiné 
- signal lumineux 

un émetteur et un récepteur

celui qui donne l'information

celui qui reçoit l'information

une durée

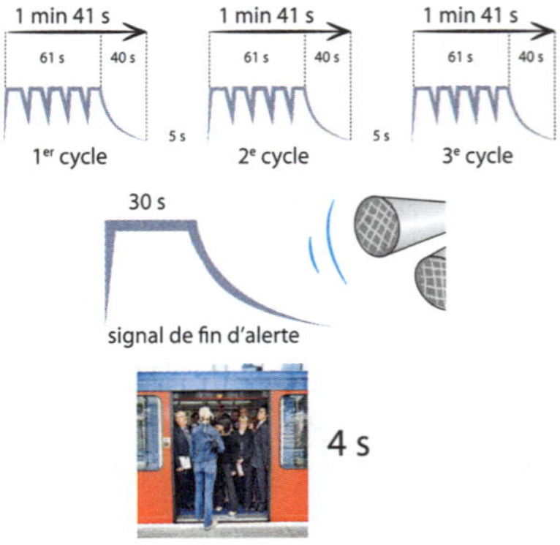

5 La matière

Les objets en mouvement

Je connais déjà

Le mouvement est le déplacement d'un objet ou d'une personne dans l'espace.
Il peut être rectiligne ou circulaire.
La perception du mouvement dépend de la position de l'observateur.

Observe ces photographies, puis réponds aux questions.

Quel type de mouvement anime ce train ?

....

Quelle perception a-t-on du mouvement si on est :

à l'extérieur du train ? ....

à l'intérieur du train ? ....

En quoi le mouvement circulaire de ces deux manèges est-il différent ?

....

....

Quels éléments de la bicyclette ont un mouvement circulaire ?

....

....

J'observe et je m'interroge

Comment décrire un mouvement circulaire ?

Suis les instructions pour réaliser l'expérience.

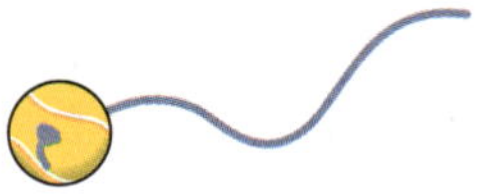

Attache une balle de tennis au bout d'une ficelle.
Fais tourner la balle de tennis au-dessus de ta tête.
Demande à un(e) camarade de compter le nombre de tours que fait la balle en 1 min.

Complète ce texte et barre les propositions inexactes.

C'est un mouvement : rectiligne – circulaire.

C'est un mouvement : horizontal – vertical.

C'est un mouvement qui fait .... tours par minute.

Recommence l'expérience en faisant tourner la balle devant toi.

Décris le mouvement : ....

....

Qu'est-ce qui fait varier le mouvement d'un pendule ?

1 **Compte le nombre d'allers-retours du pendule sur la trajectoire circulaire en faisant partir la balle de 2 hauteurs différentes.**

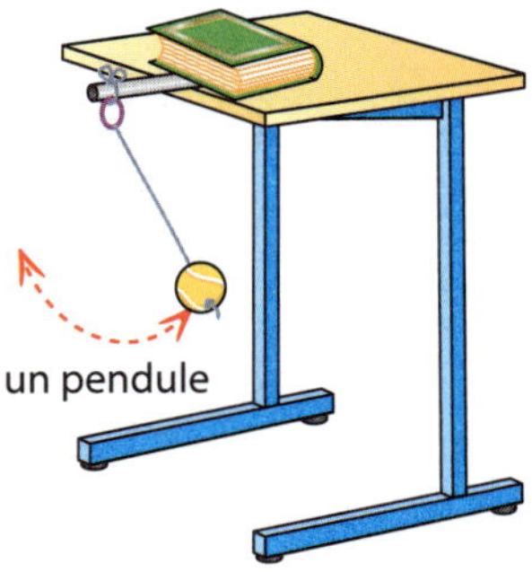

1re expérience : .... allers-retours.

2nde expérience : .... allers-retours.

Que remarques-tu ?

....

....

2 **Refais l'expérience en modifiant d'abord la longueur de la corde, puis la masse de la balle. Complète ces tableaux.**

Avec une balle de tennis	Nombre d'allers-retours en 10 s
corde de 60 cm	....
corde de 40 cm	....

Avec une corde de 40 cm	Nombre d'allers-retours en 10 s
balle de tennis	....
balle lestée avec 50 g de pâte à modeler	....

Quelles conclusions tires-tu de cette expérience ?

....

....

....

....

J'observe et j'expérimente

Comment décrire un mouvement rectiligne ?

Mets en place l'expérience pour connaître la vitesse d'un piéton et complète le tableau.

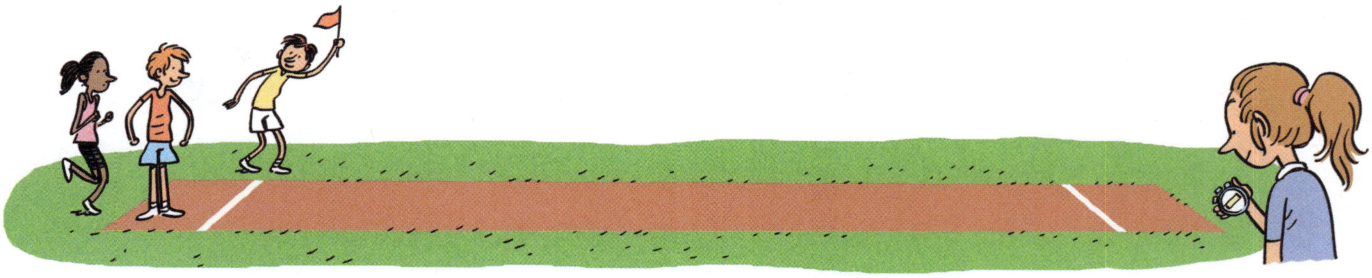

Mouvement rectiligne	Élève 1 :	Élève 2 :	Toi
marche rapide	20 m en .... s	20 m en .... s	20 m en .... s
course	20 m en .... s	....	....
promenade	.... m en .... s	....	....

Comment exprimer la vitesse d'un mouvement rectiligne ?

Complète ce tableau et effectue les calculs.

Léa parcourt 20 m en 15 s. Elle sait qu'il y a 60 s dans 1 min et 60 min dans 1 h.
Elle court de façon régulière.
Quelle distance parcourt-elle en 1 min ? en 1 h ?
60 s = 15 s × 4
60 min = 60 s × 60

Distance parcourue en 15 s	(× 4) Distance parcourue en 60 s (1 min)	(× 60) Distance parcourue en 60 min (1 h)
20 m	.... m	.... m

Je conclus

Écris un texte qui résume ce que tu as appris.

....

....

....

....

....

J'utilise ce que j'ai appris

1 Décris la trajectoire de chaque mouvement.

Mouvement

....

....

....

....

....

2 Entoure la vitesse qui convient.

300 m/h – 300 km/h – 1 000 km/h

50 km/h – 5 km/h – 15 km/h

15 m/h – 15 km/s – 15 km/h

80 km/h – 80 km/s – 80 km/min

3 Complète avec LENT ou RAPIDE pour que les affirmations sur le pendule soient exactes.

Plus la ficelle du pendule est longue, plus le mouvement est ....

Plus la ficelle est courte, plus le mouvement est ....

Plus la masse est lourde, plus le mouvement est ....

Moins la masse est lourde, plus le mouvement est ....

Je retiens

Un objet qui se déplace est en mouvement.

Le mouvement d'un objet est décrit par

une trajectoire

rectiligne
L'objet décrit une droite.

circulaire
L'objet décrit un cercle ou un arc de cercle.

une vitesse

- La vitesse dépend de la distance et de la durée du mouvement.
- La vitesse s'exprime en mètres par seconde (m/s) ou en kilomètres par heure (km/h).

6 La Terre dans le système solaire

Je connais déjà

La Terre est une planète. Elle tourne autour du Soleil et elle tourne sur elle-même.

Observe ces photographies, puis réponds aux questions.

Le Soleil semble se déplacer de l'est à l'ouest mais, en réalité, il est fixe. Dans quel sens la Terre tourne-t-elle ?

....

....

Quel satellite de la Terre peux-tu souvent observer la nuit ?

....

Pourquoi la Terre et la Lune sont-elles éclairées d'un seul côté ?

....

Quelle étoile est le centre de ce système planétaire ? ....

Combien de planètes ce système contient-il ? ....

Quelle est la position de la Terre par rapport au Soleil ? ....

J'observe et je m'interroge

Comment la Terre tourne-t-elle autour du Soleil ?

1 Observe la révolution de la Terre autour du Soleil, puis réponds aux questions.

Équinoxe de printemps : vers le 21 mars

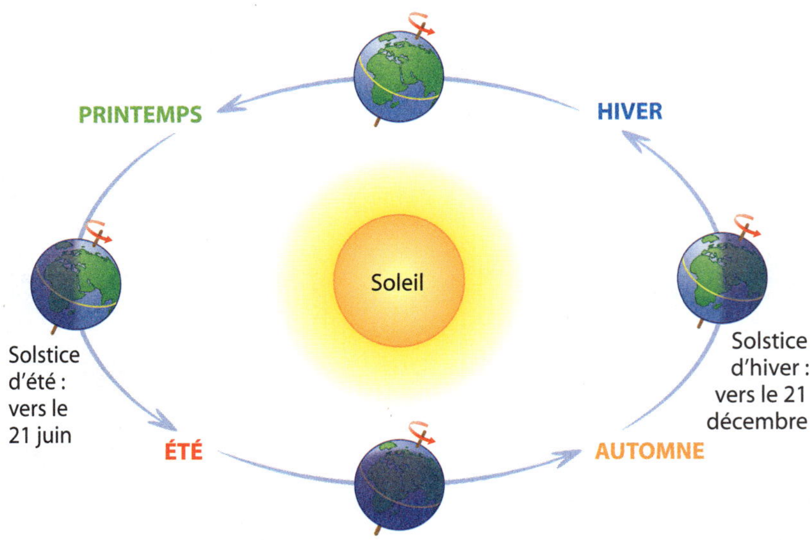

Équinoxe d'automne : vers le 21 septembre

Décris la position de l'axe pôle Nord / pôle Sud par rapport au Soleil.

....

Le solstice d'hiver (vers le 21 décembre) est le jour le plus court de l'année. Que se passe-t-il pendant le solstice d'été (vers le 21 juin) ? ....

Pendant l'équinoxe de printemps, le jour et la nuit ont la même durée (12 h). À quel autre moment de l'année y a-t-il un équinoxe ? ....

2 En regardant la Terre au-dessus du pôle Nord, la France décrit un cercle en 24 h. Reproduis cette expérience et réponds à la question.

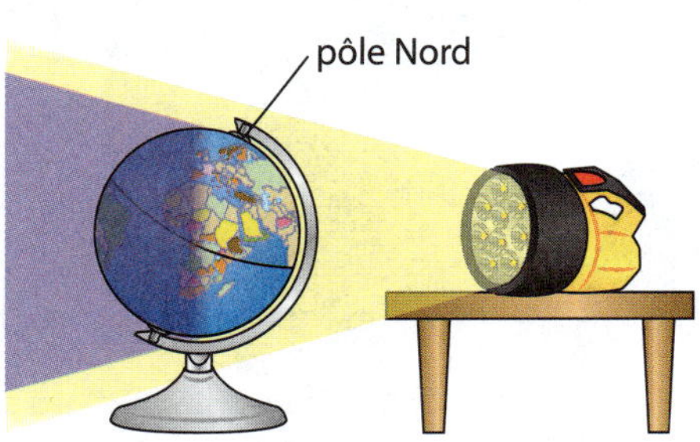

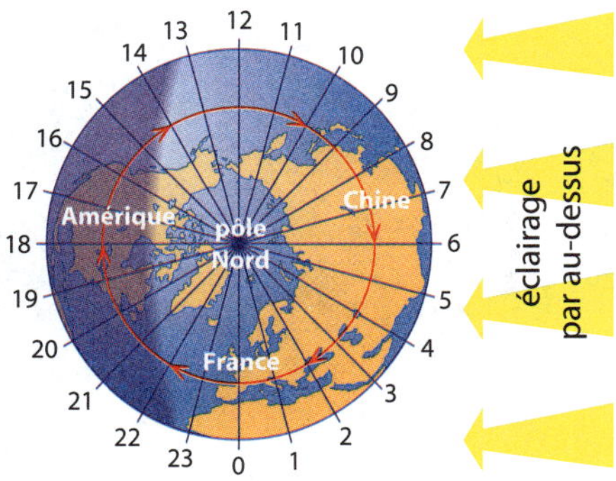

Position de la Terre au solstice d'été (21 juin)

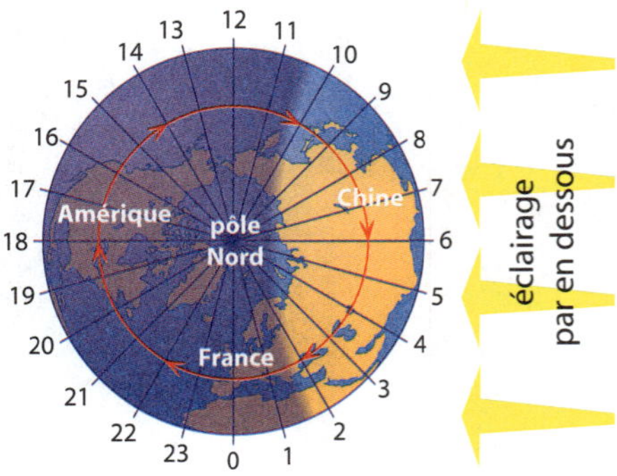

Position de la Terre au solstice d'hiver (21 décembre)

Utilise les fuseaux horaires pour estimer le nombre d'heures pendant lesquelles la France est éclairée par le Soleil :

– au solstice d'été : ....

– au solstice d'hiver : ....

J'observe et je m'interroge

Comment la durée du jour et de la nuit évolue-t-elle au cours de l'année ?

Calcule la durée du jour le 21 de chaque mois, puis complète le graphique.

	21 décembre	21 janvier	21 février	21 mars	21 avril	21 mai
Lever du Soleil	8 h 30	8 h 45	7 h 45	7 h	6 h 45	6 h
Coucher du Soleil	16 h 45	17 h 45	18 h 15	19 h	21 h	21 h 30
Durée du jour	8 h 15	....	....	....	....	....

	21 juin	21 juillet	21 août	21 septembre	21 octobre	21 novembre
Lever du Soleil	5 h 45	6 h	6 h 45	7 h 45	8 h 15	8 h
Coucher du Soleil	22 h	21 h 45	21 h	19 h 45	19 h	17 h
Durée du jour	....	....	....	....	....	....

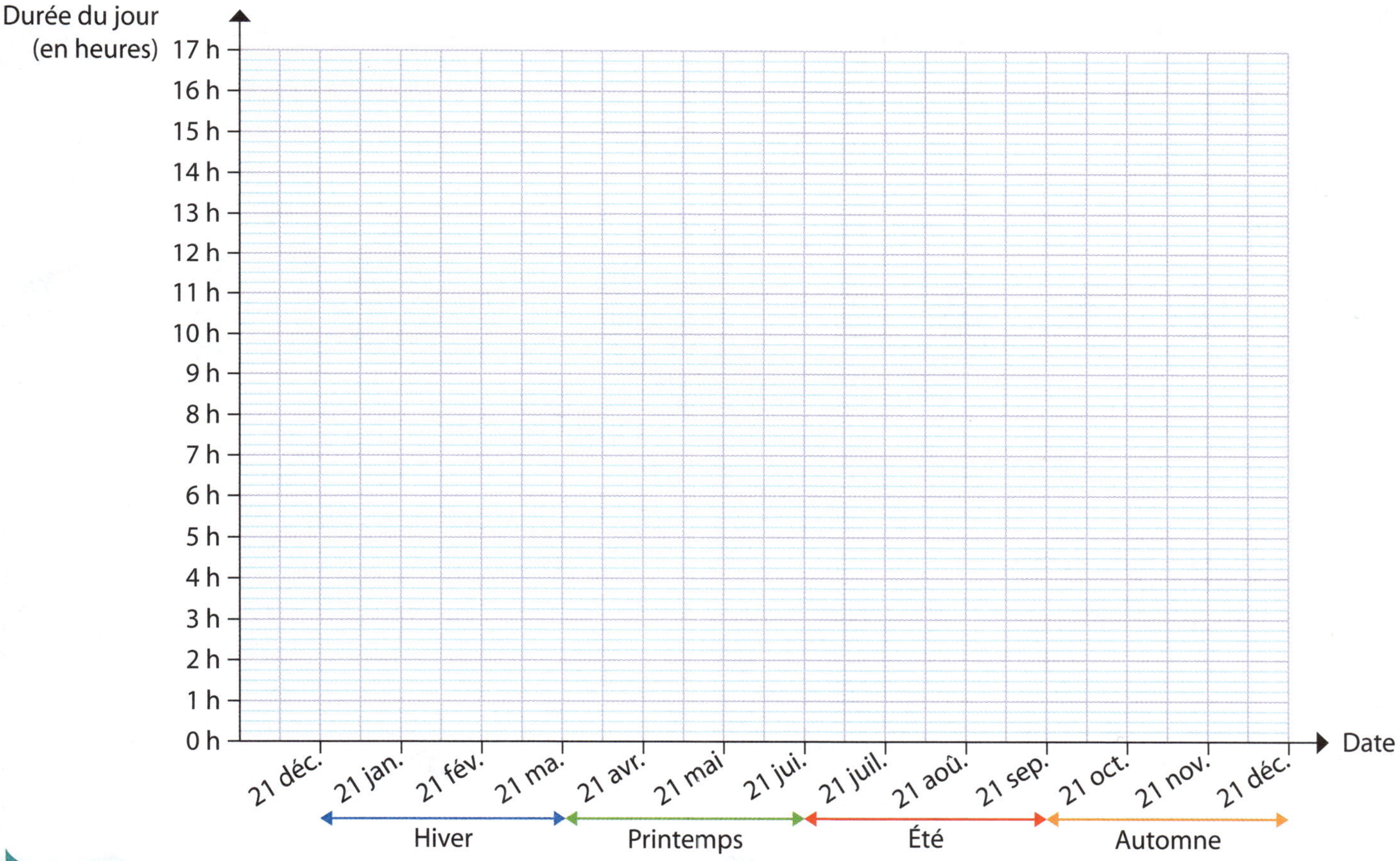

Je conclus

Écris un texte qui résume ce que tu as appris.

....

....

....

....

J'utilise ce que j'ai appris

1 Complète ce schéma avec les mots qui conviennent.

Équinoxe d'automne
Solstice d'été
Solstice d'hiver
Automne
Été
Hiver
Printemps

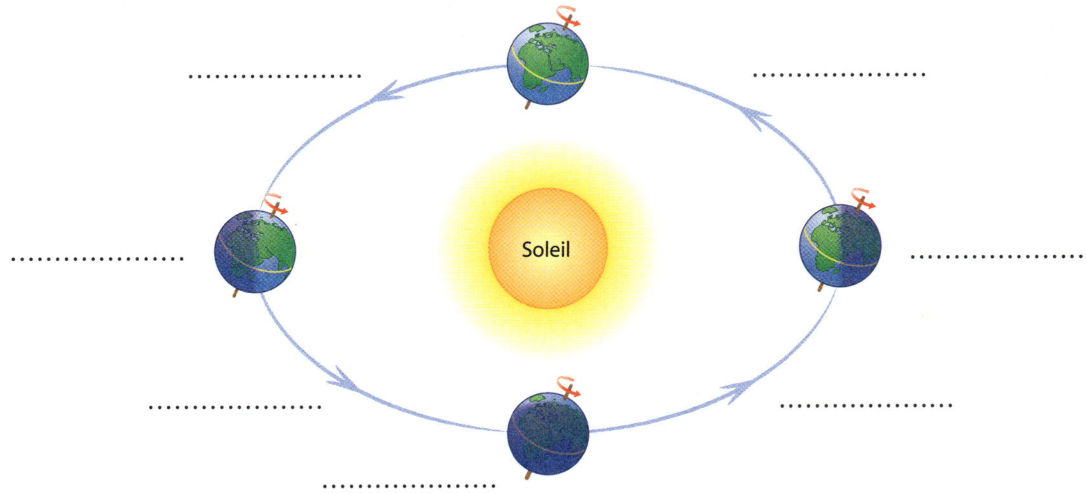

2 Complète ce schéma avec le nom des planètes du système solaire.
Jupiter – Terre – Mars – Uranus – Mercure – Vénus – Neptune – Saturne – Soleil

Aide-toi du procédé mnémotechnique suivant pour retenir l'ordre des planètes :

Ma vieille tante Marie jette son unique napperon.

Je retiens

La Terre dans le système solaire

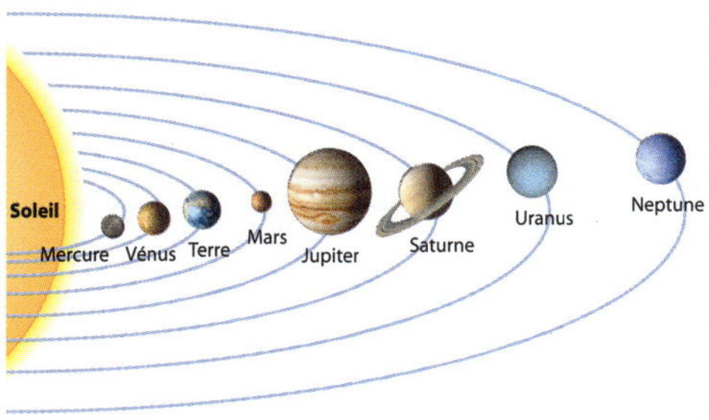

Le système solaire comprend une étoile, le Soleil, et 8 planètes.

Le Soleil éclaire la Terre. La Terre fait une rotation sur elle-même en 24 h. C'est ce qui explique l'aternance du jour et de la nuit.

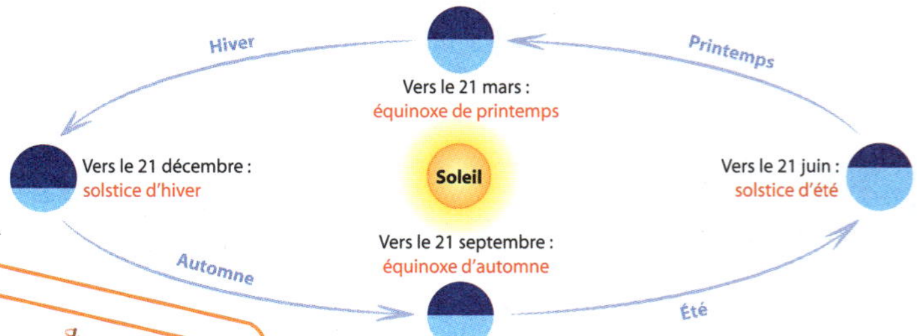

La Terre fait une révolution autour du Soleil en 365 jours et quart. Son axe de rotation pôle Nord / Sud a toujours la même inclinaison.

- sosltice d'hiver = jour le plus court de l'année
- sosltice d'été = jour le plus long de l'année
- équinoxes de printemps et d'automne : durée du jour = durée de la nuit

7 La planète Terre

La biodiversité

Je connais déjà

Notre monde est constitué d'une grande diversité : diversité des milieux de vie (forêt, désert, océan...), diversité des espèces et diversité des individus au sein d'une même espèce.

Observe ces photographies, puis réponds aux questions.

De quel milieu naturel s'agit-il ?

....

Combien d'êtres vivants différents comptes-tu ?

....

Quels sont les deux milieux de vie réunis dans ce milieu ?

....

À quels animaux ce milieu est-il favorable ?

....

En quoi ce milieu est-il un milieu diversifié ?

....

Selon toi, quels animaux pourraient vivre dans le champ au milieu du paysage ?

....

Combien d'espèces végétales différentes identifies-tu dans ce parc ?

....

Selon toi, quels animaux ont pour milieu de vie le lac ?

....

J'observe et je m'interroge

Comment mesurer la biodiversité d'une prairie fleurie ?

Observe cette photographie d'une prairie fleurie.
Réponds aux questions.

Quel procédé est utilisé pour observer la diversité ?

....

Combien d'espèces végétales fleuries observes-tu à l'intérieur du carré ?

....

Quels critères te permettent de décrire chaque plante fleurie ?

....

....

Dessine une fleur de chaque espèce et indique en dessous le nombre observé.

Selon toi, quels animaux peuvent vivre et se nourrir dans ce milieu ?

....

J'observe et je m'interroge

7065543

Quelle diversité existe-t-il au sein d'une même espèce ?

Observe ces mésanges, puis réponds aux questions.

mésange à tête noire

mésange charbonnière

mésange de David

mésange à tête brune

mésange lugubre

mésange à dos marron

mésange à sourcils blancs

mésange huppée

Dessine la forme générale des mésanges.	Donne trois caractéristiques générales des oiseaux. .... Quels sont les traits physiques communs à toutes ces mésanges ? Forme du corps : .... Bec : .... Pattes : .... Queue : ....

Quelles sont les principales différences que l'on observe entre les mésanges ?

....

Quelle est la particularité du ventre de la mésange charbonnière ?

....

Quelle est la seule mésange qui possède un ventre orangé ? ....

Je conclus

Écris un texte qui résume ce que tu as appris.

....

....

....

....

J'utilise ce que j'ai appris

1 Observe ces deux paysages.

pelouse de stade

prairie fleurie

Quel milieu est le plus favorable à la biodiversité ? Justifie ta réponse.

....

....

2 Observe ces photographies et complète.

vache montbéliarde

vache bretonne

vache brune

vache normande

Les points communs : ....

....

Les différences : ....

Je retiens

La biodiversité

une diversité de milieux

- forêt
- océan
- prairie
- désert
- mer
- banquise
- haie
- montagne

une diversité végétale et animale au sein d'un même milieu

une diversité au sein d'une même espèce

8 Le vivant

La reproduction des végétaux

Je connais déjà

Les plantes et les arbres naissent à partir d'une graine, puis grandissent toute leur vie.
Le cerisier produit des cerises. Chaque cerise peut donner un nouveau cerisier.

Décris chaque étape de la reproduction du cerisier avec les mots suivants :
insecte pollinisateur – fruit – bourgeons – fleurs – noyau.

Étape 1 : ....

Étape 2 : ....

Étape 3 : ....

Étape 4 : ....

Étape 5 : ....

Étape 6 : ....

J'observe et je m'interroge

Comment une fleur est-elle fécondée ?

Observe ce schéma, puis réponds aux questions.

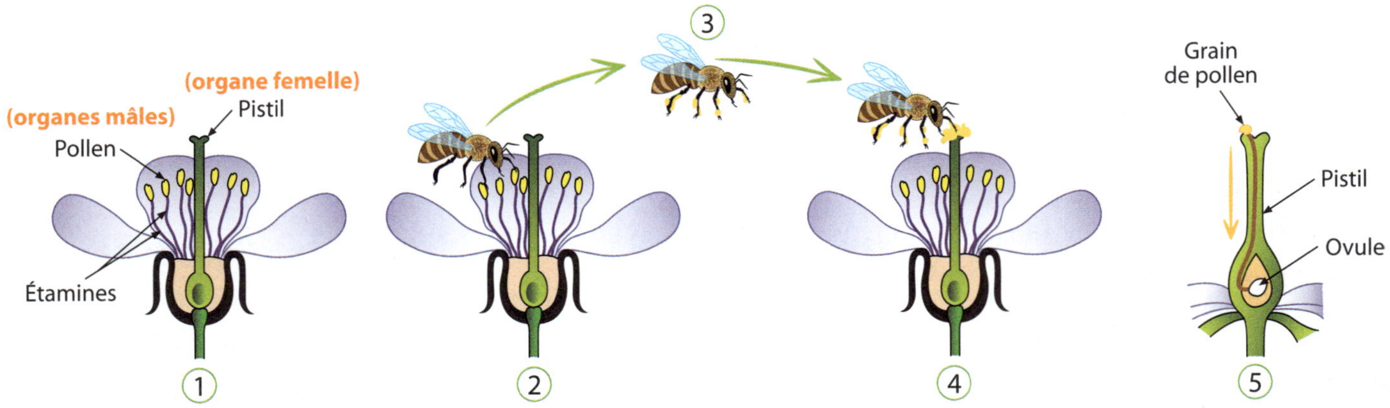

Lorsque du pollen d'une fleur se dépose sur le pistil d'une autre fleur, celle-ci est fécondée et produira un fruit. Le pistil d'une fleur ne peut être fécondé que par le pollen d'une autre fleur.

Dessin ①

Comment s'appelle l'organe femelle de la fleur ? ....

Comment s'appellent les organes mâles de la fleur ? ....

Que fabriquent les organes mâles de la fleur ? ....

Dessin ②

Quel animal se dépose sur la fleur pour récolter le pollen de la fleur ? ....

Dessin ③

Où le pollen des étamines se dépose-t-il sur l'abeille ? ....

Que fait l'abeille après avoir récolté le pollen de la 1re fleur ? ....

....

Dessin ④

Que se passe-t-il lorsque l'abeille se pose sur une autre fleur ? ....

....

Dessin ⑤

Que fait le grain de pollen une fois déposé à l'entrée du pistil ? ....

....

....

J'observe et je m'interroge

Comment le fruit se transforme-t-il en arbre ?

Ce schéma représente les étapes de la croissance du chêne. Le gland est le fruit du chêne. Les légendes du schéma ont été mélangées. Aide-toi des couleurs pour les remettre dans l'ordre.

Croissance de l'arbre	Apparition de la 1re racine	Apparition de la 1re tigelle et des feuilles	Graine en attente des conditions favorables

La plante se nourrit par ses racines et ses feuilles.	La plante se nourrit des réserves nutritives de la graine.	Les réserves nutritives s'épuisent.

Dormance

1. ....

....

Germination

2. ....

....

....

Période de jeunesse végétative

4. ....

....

....

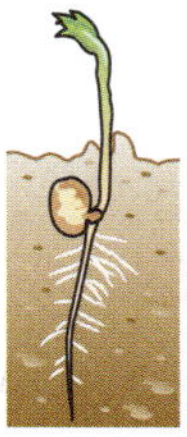

Début de l'âge autonome

3. ....

....

....

Je conclus

Écris un texte qui résume ce que tu as appris.

....

....

....

....

J'utilise ce que j'ai appris

1 Numérote dans l'ordre, de 1 à 5, les étapes du passage de la fleur au fruit.

2 Complète ces phrases avec les mots suivants :
le pollen – le pistil – les étamines – l'insecte pollinisateur – la fécondation.

.... est l'organe femelle de la fleur.

.... sont les organes mâles de la fleur.

.... dépose le .... sur le pistil de la fleur.

C'est l'étape de ....

3 Écris les noms de ces étapes du développement de la graine de l'arbre.

.... : période où la graine ne se développe pas et attend les conditions favorables.

.... : étape où la graine développe une petite racine, mais pas encore de tige.

Je retiens

La fleur

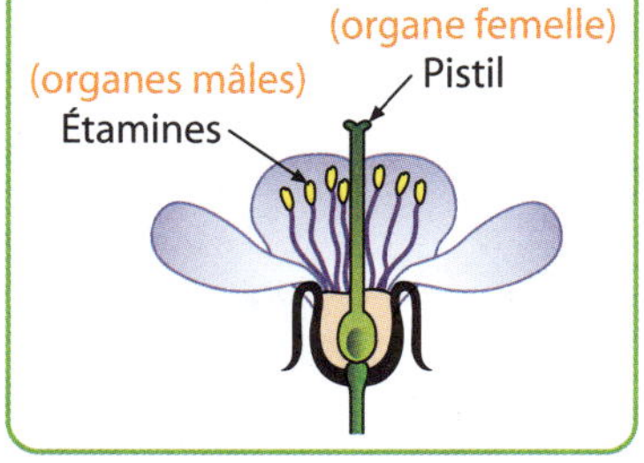

De la fleur au fruit

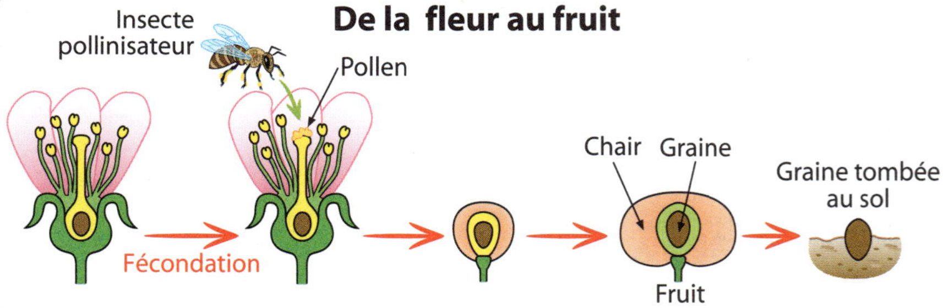

De la graine au jeune arbre

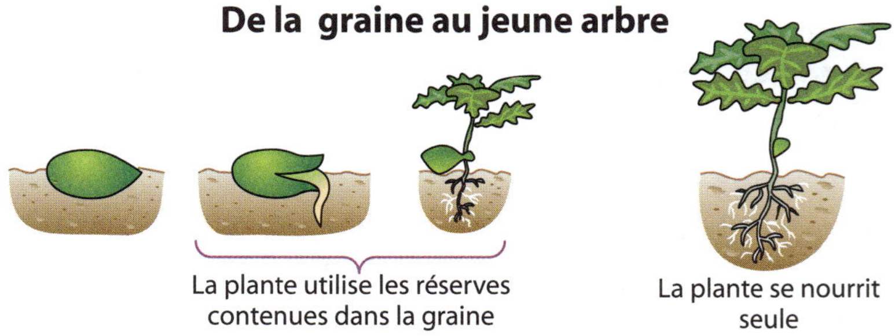

9 Le vivant

La reproduction de l'être humain

Je connais déjà

La reproduction sexuée d'un être vivant nécessite la rencontre d'une cellule femelle et d'une cellule mâle. La cellule mâle féconde la cellule femelle.
Pendant la puberté, le corps humain se transforme.

Observe les différents stades de développement, puis réponds aux questions.

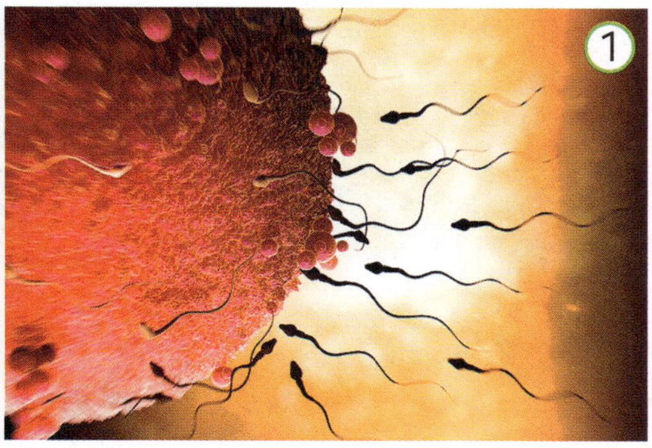

Approche de la cellule femelle par les cellules mâles.

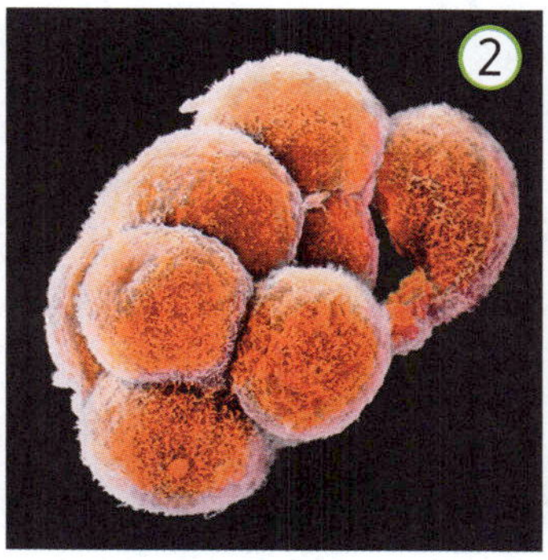

Formation de l'embryon.

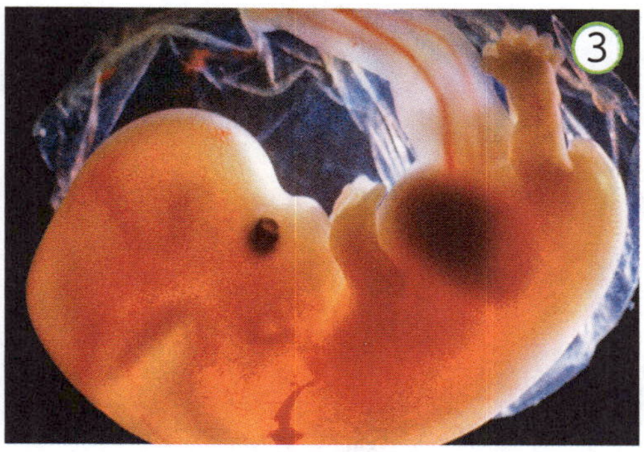

Embryon de 7 semaines.

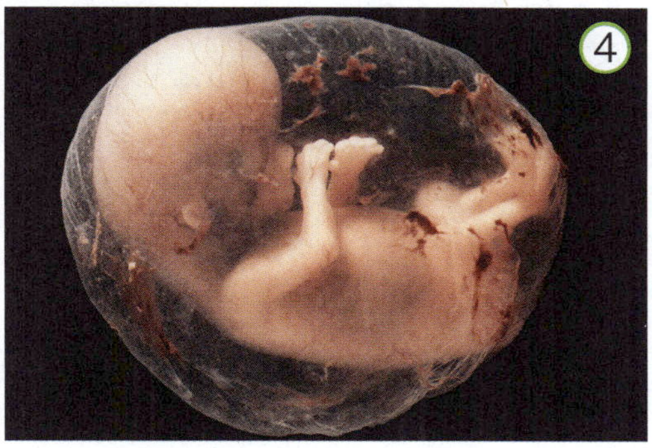

Fœtus de 13 semaines.

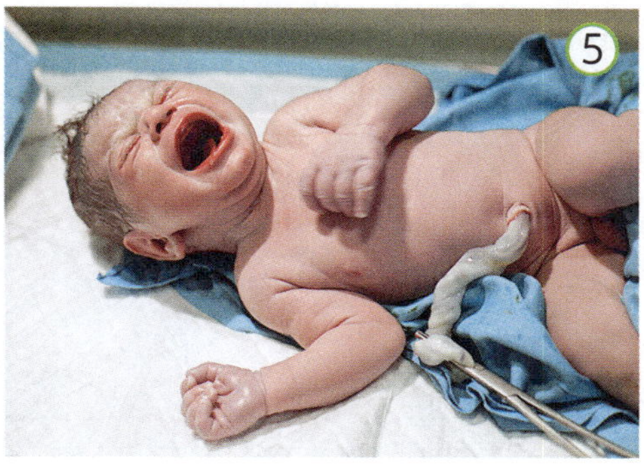

Bébé à la naissance.

Quelles différences observes-tu entre l'ovule (cellule femelle) et les spermatozoïdes (cellules mâles) (photographie ①) ?

....

Que devient l'œuf une fois fécondé (photographie ②) ?

....

L'embryon de 7 semaines mesure 3 cm. Comment est-il protégé (photographie ③) ?

....

Comment le fœtus a-t-il évolué (photographie ④) ?

....

À la naissance, le bébé est entièrement formé. Quelle trace conserve-t-il du lien qu'il avait avec sa mère (photographie ⑤) ? ....

J'observe et je m'interroge

Qu'est-ce que la puberté ?

1 Complète le tableau pour indiquer si les changements corporels concernent les filles, les garçons ou les deux sexes.

Les changements corporels à la puberté

- Augmentation rapide de la taille : 8 cm par an
- Augmentation rapide de la taille : 10 cm par an
- Modification de la voix
- Boutons d'acné
- Apparition de poils sur le visage, le pubis et sous les aisselles
- Apparition des règles
- Apparition de poils sous les aisselles et sur le pubis
- Apparition de la pomme d'Adam sous le menton
- Apparition des seins
- Augmentation du volume du pénis et des testicules

Filles (vers 11 ans)		Garçons (vers 13 ans)	
	....	....	

2 Réponds aux questions.

Comment appelle-t-on la période de la vie pendant laquelle les corps des filles et des garçons se modifient ? ....

Quels changements sont communs aux filles et aux garçons ?

....

....

Quels changements se font uniquement chez les filles ?

....

Quels changements se font uniquement chez les garçons ?

....

J'observe et je m'interroge

Quels sont les rôles de l'homme et de la femme dans la reproduction ?

1 Utilise ces commentaires pour tracer le trajet de l'ovule et le trajet des spermatozoïdes.

L'ovule est produit dans les ovaires. Un seul ovule est produit d'un côté tous les 28 jours environ. Si l'ovule n'est pas fécondé, il s'évacue avec les règles.

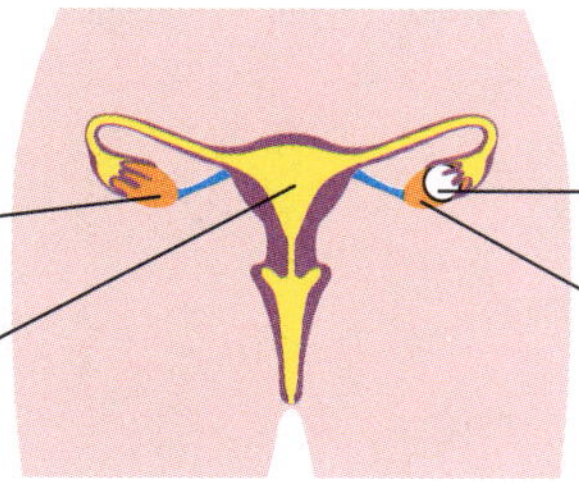

Les spermatozoïdes sont produits dans les testicules. L'homme les évacue par le pénis.

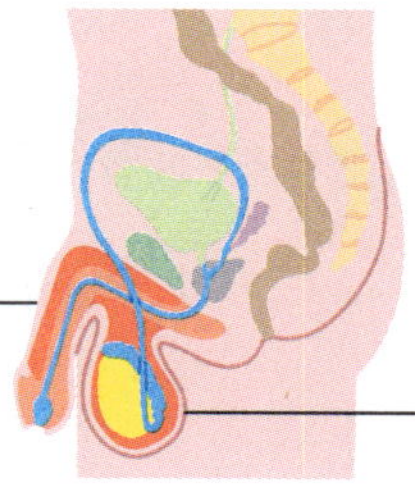

2 Observe le processus de fécondation et réponds aux questions.

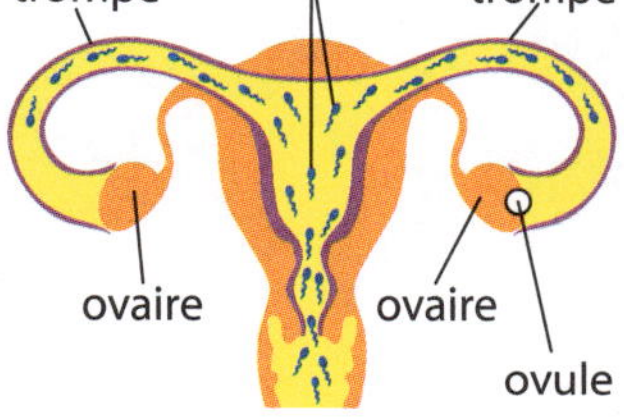

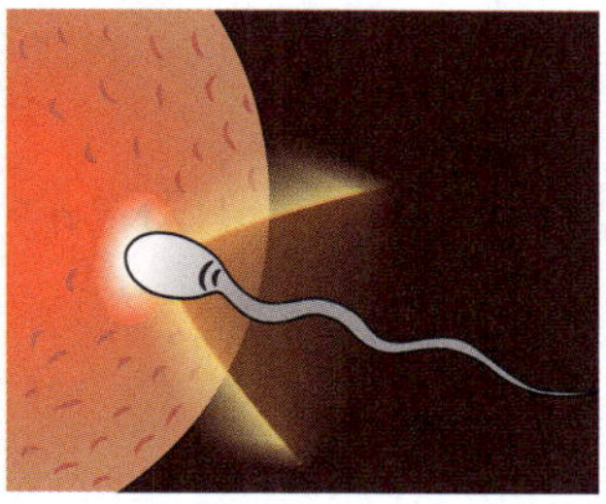

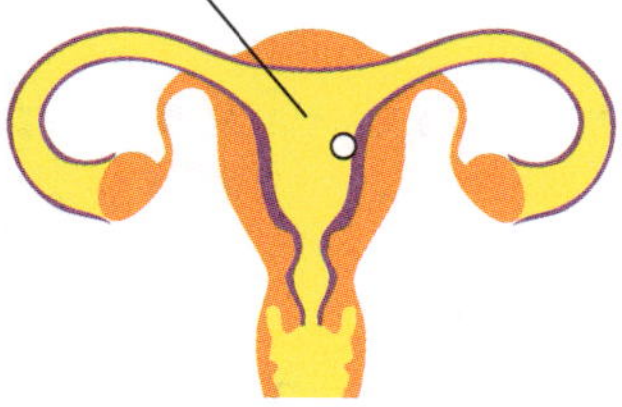

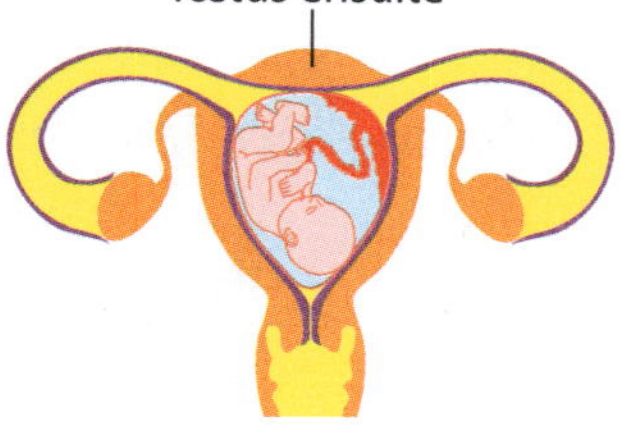

Par où les spermatozoïdes passent-ils pour aller à la rencontre de l'ovule ?

....

Où l'œuf, puis l'embryon, puis le fœtus nidifient-ils ?

....

Quel est le rôle de l'homme dans la reproduction ?

....

Quel est le rôle de la femme dans la reproduction ?

....

Je conclus

Écris un texte qui résume ce que tu as appris.

....

....

....

....

J'utilise ce que j'ai appris

1 Complète le tableau des changements corporels chez la fille et le garçon pendant la puberté.

Uniquement chez la fille	Uniquement chez le garçon	Chez la fille et le garçon
....	....	....
....	....	....
....	....	....

2 Relie le mot à sa définition.

Ovule •	• Cellule sexuelle produite par l'homme.
Fœtus •	• Cellule sexuelle produite par la femme.
Spermatozoïde •	• Moment de la rencontre des deux cellules sexuelles.
Fécondation •	• Stade correspondant aux 8 premières semaines de développement.
Embryon •	• Stade à partir de 8 semaines de développement et jusqu'à la naissance.

3 Numérote les phrases dans l'ordre du processus de fécondation.

(...) L'œuf nidifie dans l'utérus.

(...) Les spermatozoïdes vont à la rencontre de l'ovule au niveau de l'ovaire.

(...) L'œuf se transforme en embryon pendant 8 semaines, puis en fœtus.

(...) Un spermatozoïde pénètre dans l'ovule.

Je retiens

La puberté

La puberté est la période de la vie pendant laquelle les organes reproducteurs terminent de se former.

Chez la fille :
- apparition des seins
- apparition des règles

Chez le garçon :
- augmentation du volume du pénis et des testicules
- apparition de la pomme d'Adam

Chez les deux :
- augmentation de la taille
- apparition de poils
- modification de la voix
- boutons d'acné

Les organes reproducteurs

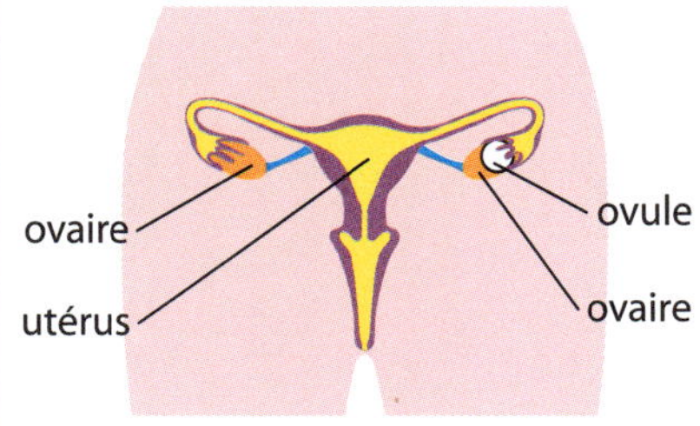

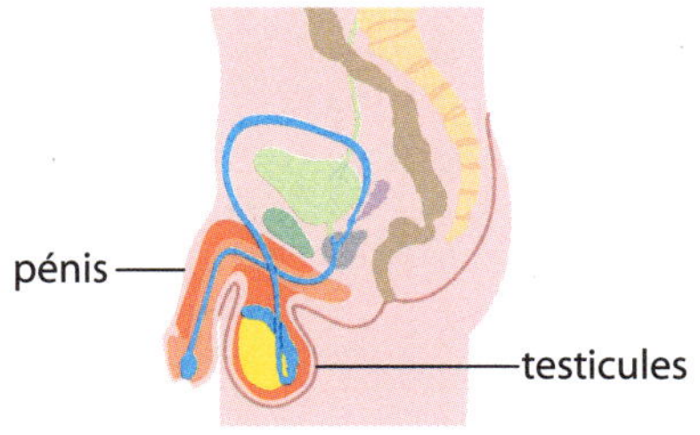

La reproduction et la naissance

Il faut une cellule mâle : le spermatozoïde ; et une cellule femelle : l'ovule.

Un spermatozoïde pénètre l'ovule : c'est la fécondation.

L'œuf nidifie dans l'utérus et se transforme en embryon, puis en fœtus.

Après une grossesse de 9 mois, la naissance du bébé a lieu au moment de l'accouchement.

Le vivant

10 Les besoins alimentaires de l'être humain

Je connais déjà

Le corps a besoin d'énergie pour fonctionner.
Cette énergie provient des différents types d'aliments.

Observe ces photographies, puis réponds aux questions.

Cite les différents laitages que tu connais.

....

Quels aliments sont d'origine végétale ?

....

Quels aliments sont d'origine animale ?

....

Quels aliments dois-tu manger à chaque repas ?

....

J'observe et je m'interroge

Avons-nous tous les mêmes besoins alimentaires ?

Pour mesurer la quantité d'énergie que l'on absorbe en mangeant ou que l'on dépense au cours des activités, on utilise une unité : le kilocalorie (Kcal).

Utilise le graphique pour compléter la quantité d'énergie quotidienne nécessaire à chaque âge. Puis complète-le avec les données des dessins.

La quantité d'énergie nécessaire à chaque âge (en Kcal).

3 ans		10 ans		ados 16 ans		adulte		personnes âgées	
1 200	1 200	2 100	....	3 000	....	2 000	....	....	1 900

Les besoins énergétiques en fonction de l'âge.

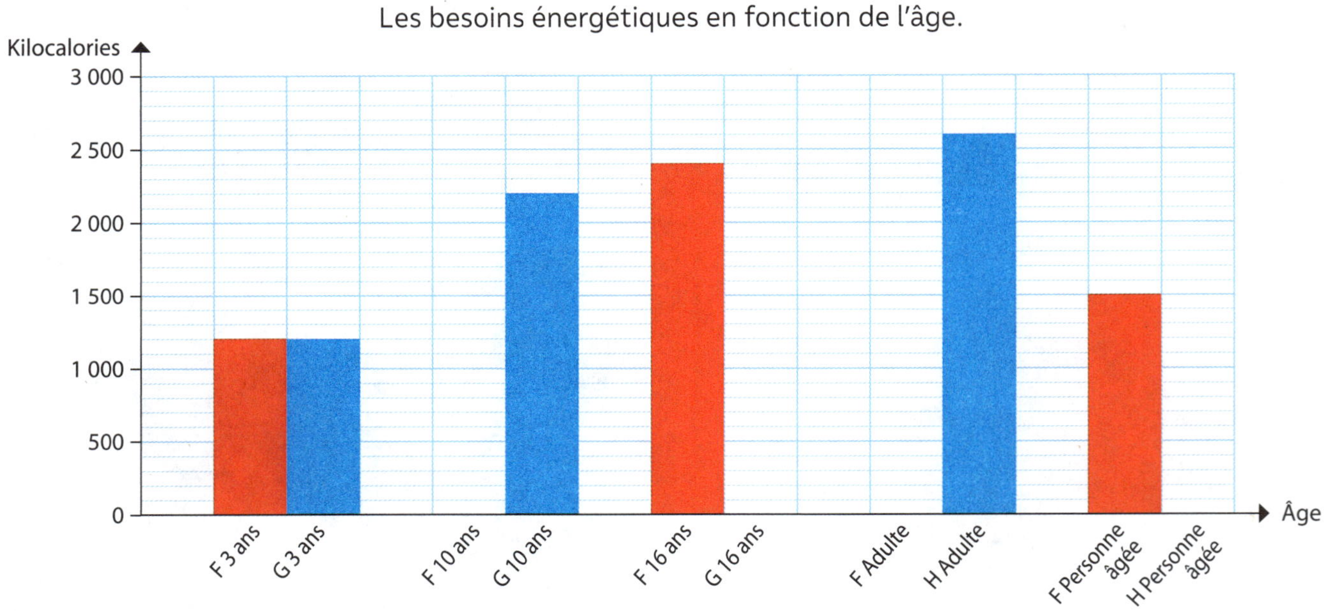

Pourquoi les besoins alimentaires sont-ils plus importants à l'adolescence (vers 16 ans) ?

....

Selon toi, pourquoi les personnes âgées ont-elles besoin de moins d'énergie que les adultes ?

....

....

Le graphique correspond aux besoins énergétiques pour une activité normale. Faire du judo pendant 1 h consomme 500 Kcal. Une adulte, championne de judo, s'entraîne 4 h par jour.
La quantité d'énergie moyenne de 2 000 Kcal lui suffit-elle ? Justifie ta réponse.

....

....

J'observe et je m'interroge

Que nous apportent les aliments ?

1 **Observe ce tableau du rôle des constituants alimentaires.**

Constituant alimentaire	Rôle	Aliments
Glucides	Constituent une source d'énergie pour toutes les cellules du corps.	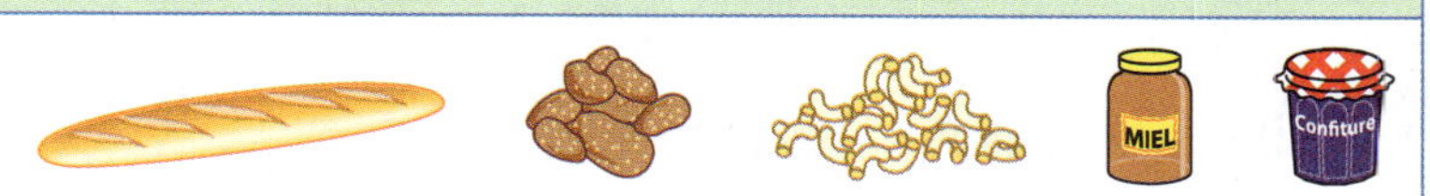
Lipides	Constituent l'enveloppe des cellules et apportent la chaleur à l'organisme.	
Protides	Assurent la construction et la réparation de nos tissus, muscles, de la peau…	
Fibres	Améliorent le transit intestinal (la digestion et l'évacuation des aliments).	
Vitamines	Permettent au corps de bien fonctionner.	

2 **Observe ces étiquettes de produits alimentaires (pour 100 g de produit).**
Trouve un autre produit alimentaire qui contient des lipides et complète l'étiquette ci-dessous. Puis réponds aux questions.

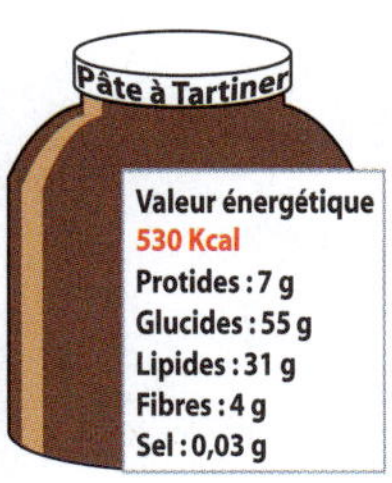

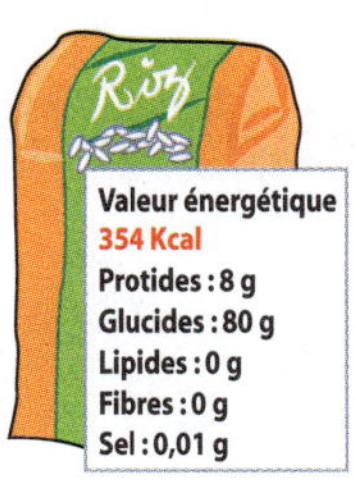

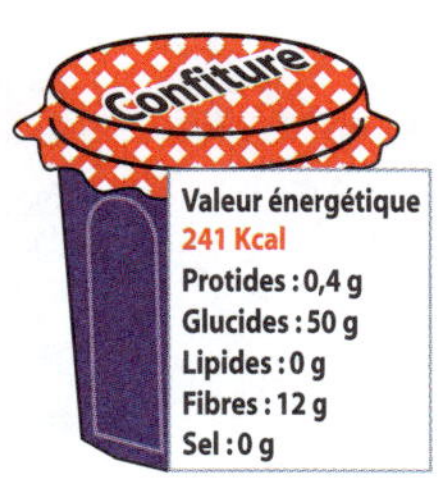

.... pour 100 g	
Valeur énergétique :	Lipides : ....
Protides :	Fibres : ....
Glucides :	Sel : ....

Pourquoi ne faut-il pas trop manger de pâte à tartiner ? ....

....

Quel aliment est-il préférable d'étaler sur une tartine le matin ? Justifie. ....

....

Quel aliment faut-il manger avant de faire une activité physique ? Justifie. ....

....

Je conclus

Écris un texte qui résume ce que tu as appris.

....

....

....

J'utilise ce que j'ai appris

1 Cite au moins 2 aliments par catégorie.

- Produits laitiers : ....
- Viandes ou poissons : ....
- Féculents : ....
- Fruits ou légumes : ....
- Boisson conseillée à chaque repas : ....
- Produits sucrés, salés, gras à consommer avec modération : ....

2 Quels sont les besoins en énergie de ces quatre personnes ? Complète.
1 200 Kcal – 1 500 Kcal – 2 100 Kcal – 3 000 Kcal

3 Donne deux exemples d'aliments pour chaque catégorie de constituant alimentaire.

- Protides : ....
- Glucides : ....
- Lipides : ....
- Fibres : ....

Je retiens

Les aliments

Les constituants des aliments

- protides → construisent / réparent → les muscles, la peau
- glucides → constituent une source d'énergie
- lipides → maintiennent la chaleur du corps / fabriquent l'enveloppe des cellules
- fibres → améliorent le transit dans l'intestin
- vitamines → permettent au corps de bien fonctionner

Les besoins alimentaires

- varient en fonction de l'âge

- varient en fonction du sexe

- varient en fonction de l'activité

11 Le vivant

L'évolution du vivant

Je connais déjà

Certaines espèces animales ont disparu car elles n'ont plus été capables de se nourrir, de se défendre, de se reproduire. Les individus les plus forts et les plus résistants de chaque espèce animale ont survécu et se sont développés.

Observe ces espèces de la préhistoire, puis réponds aux questions.

À quel animal te fait penser cet archéoptéryx disparu il y a 150 000 millions d'années ?

....

....

Que reste-t-il de ce tricératops disparu il y a 65 millions d'années ?

....

Quel animal actuel lui ressemble ?

....

Les mammouths ont disparu il y a 12 000 ans. Quel animal actuel lui ressemble ?

....

Quels traits communs a-t-il avec le tricératops ?

....

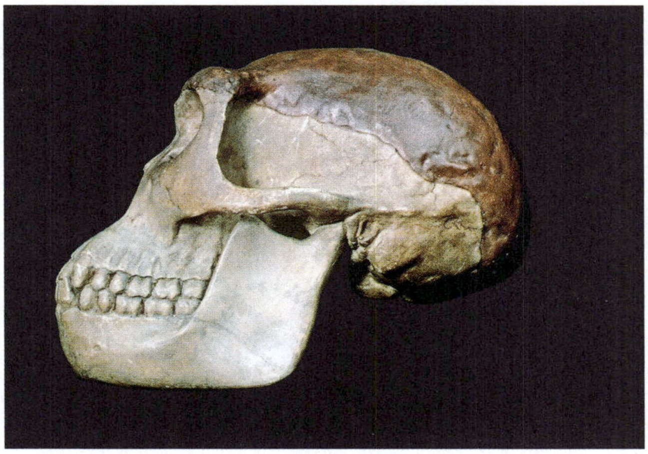

L'*Homo erectus* est une espèce humaine disparue il y a 100 000 ans.
Quelle différence observes-tu avec l'être humain actuel ?

....

....

J'observe et je m'interroge

Comment s'organise la diversité du monde animal ?

Observe la diversité des espèces animales, puis complète le tableau pour déterminer leurs liens de parenté.

ver de terre

carpe

poule

chat

fourmi

chien

aigle

souris

crocodile

lapin

moineau

anguille

cheval

araignée

tortue

L'ensemble du monde animal est composé d'une grande diversité d'espèces.
Des animaux qui ont un élément physique commun ont un lien de parenté : un ancêtre commun.

Liens physiques de parenté	Animaux
→ **ont 2 yeux et/ou 1 bouche**	....
→ **ont une colonne vertébrale et des os**	....
→ **ont 4 membres**	....
→ **ont 4 pattes articulées**	....
→ **sont couverts de poils**	....
→ **a des sabots**	....

J'observe et je m'interroge

Quelle a été la longue évolution des hominidés ?

1 **Les espèces humaines se sont succédé sur la Terre. Les hominidés sont une famille de grands primates dont fait partie l'homme. Observe les principales espèces d'hominidés. Place-les sur la frise chronologique.**

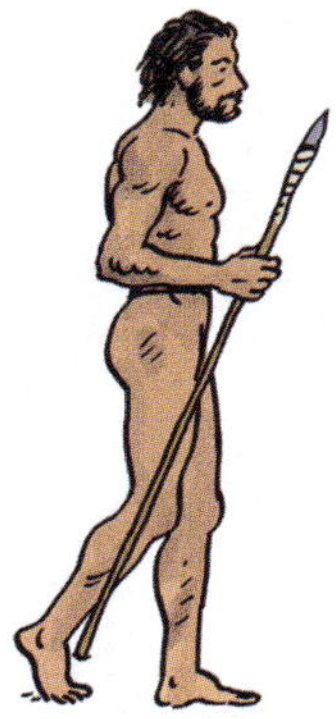

Homo sapiens
Il y a entre 200 000 ans et aujourd'hui

Australopithèque
Il y a entre 4,4 millions et 1 million d'années

Homo erectus
Il y a entre 1,8 million d'années et 100 000 ans

Homo habilis
Il y a entre 2,5 millions et 1,5 million d'années

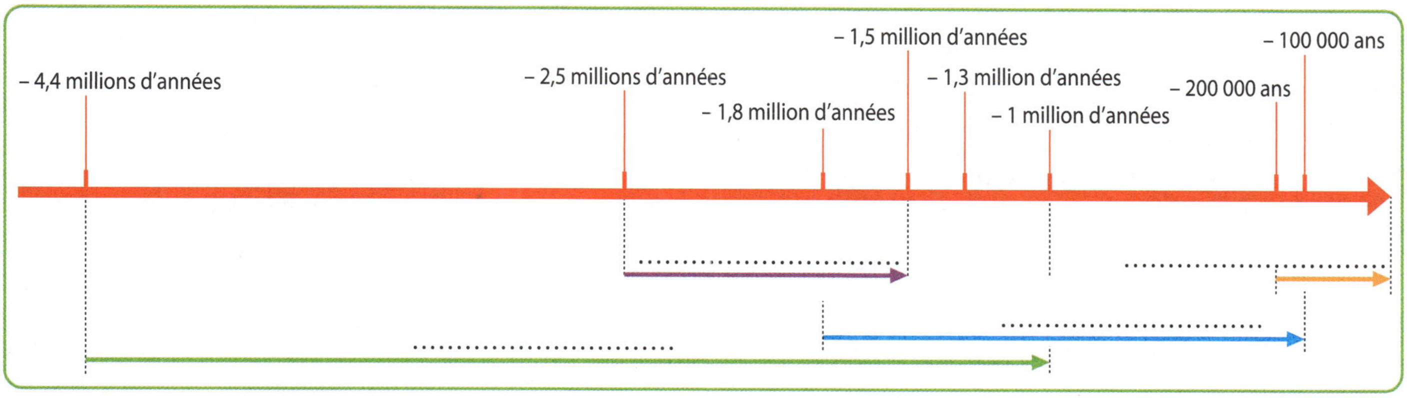

2 **Réponds aux questions.**

Une seule espèce humaine a survécu jusqu'à aujourd'hui : laquelle ? ....

Quelle est la principale différence entre les espèces humaines et les autres espèces animales ?

....

Quelles espèces humaines ont vécu en même temps sur la Terre ?

....

Je conclus

Écris un texte qui résume ce que tu as appris.

....

....

....

....

J'utilise ce que j'ai appris

1 Décris l'aspect physique de cet animal.

....

....

....

....

2 Quelles sont les caractéristiques physiques de ces trois animaux ?
Entoure les éléments exacts.

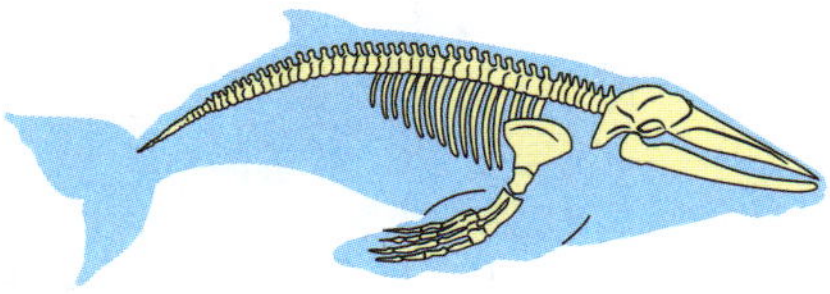

baleine

yeux – bouche

squelette interne – os – arêtes

membres articulés

4 membres – 2 membres

carpe

yeux – bouche

squelette interne – os – arêtes

membres articulés

4 membres – 2 membres

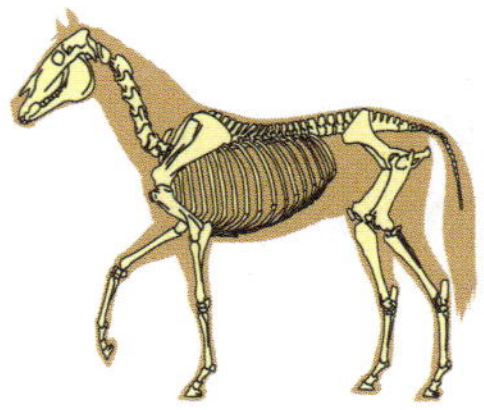

cheval

yeux – bouche

squelette interne – os – arêtes

membres articulés

4 membres – 2 membres

Quel animal a le plus proche lien de parenté avec la baleine ? ....

Je retiens

L'évolution et la diversité du vivant

La diversité du vivant

- caractère physique commun
  = lien de parenté
  → ancêtre commun qui a disparu

L'évolution des espèces humaines

Diverses espèces humaines ont vécu, ont évolué et ont disparu.
L'*Homo sapiens* est la seule espèce a avoir survécu (l'homme actuel).

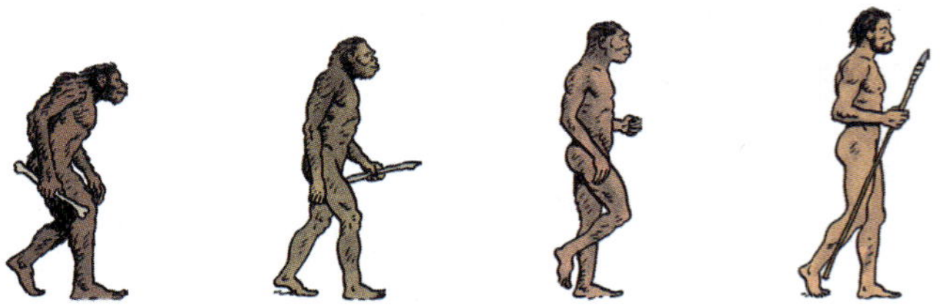

12 Des objets pour se déplacer

Je connais déjà

La bicyclette est un véhicule qui permet de se déplacer en utilisant la force musculaire. On l'appelle aussi « vélo » dans la vie courante.

Observe ces photographies, puis réponds aux questions.

La draisienne est l'ancêtre de la bicyclette. Que lui manque-t-il pour être une bicyclette ?

....

....

Quelle différence remarques-tu entre ce grand-bi et la bicyclette d'aujourd'hui ?

....

....

Quelle est l'utilité de la bicyclette ?

....

....

Quelles sont les particularités du monocycle ?

....

....

J'observe et je m'interroge

Quelles sont les fonctions techniques du vélo ?

Observe les différentes parties du vélo pour identifier leur fonction, puis réponds aux questions.

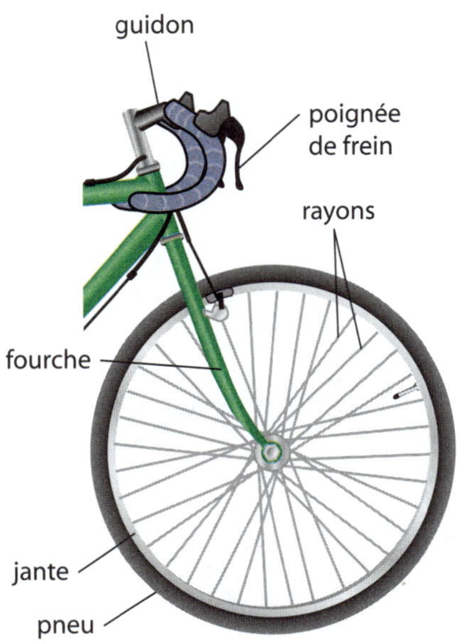	Quelle est la fonction du guidon ? …………………………………… Sa forme a-t-elle de l'importance ? Justifie. …………………………………… Quel est le rôle de la fourche ? …………………………………… À quoi servent les rayons ? …………………………………… Pourquoi la roue en métal est-elle recouverte d'un pneu en caoutchouc rempli d'air ? ……………………………………
	En quelle matière le cadre est-il fabriqué pour lui donner de la rigidité ? …………………………………… Quelle est la fonction de la selle ? …………………………………… ……………………………………
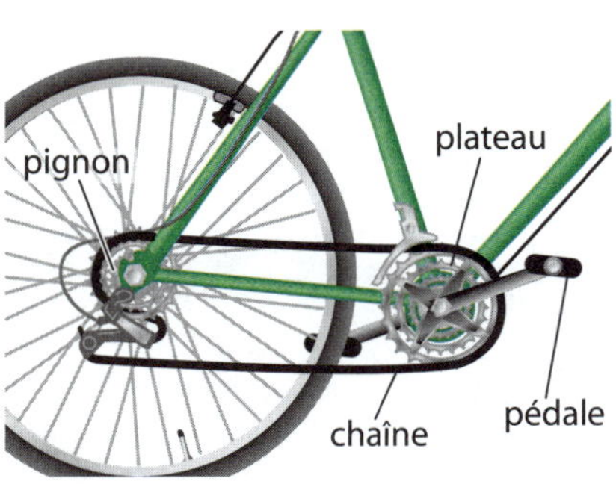	Quelle est la fonction du pédalier (pédales et plateau) ? …………………………………… Quel élément transmet le mouvement du plateau au pignon ? …………………………………… ……………………………………
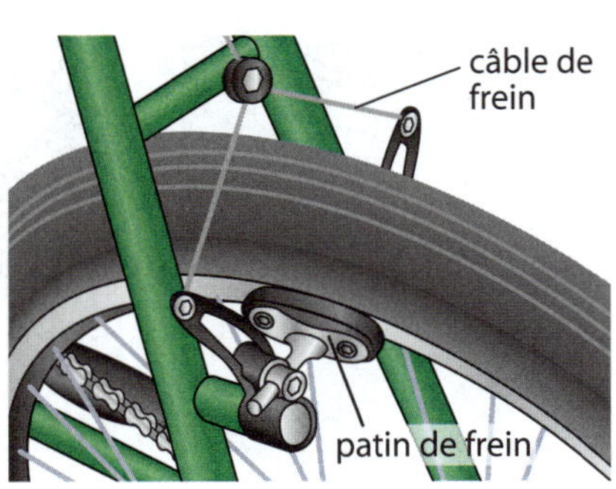	Quelle est la fonction du système de frein ? …………………………………… …………………………………… Quel élément transmet le mouvement de la poignée de frein aux patins de frein ? ……………………………………

J'observe et j'expérimente

Comment se transmet le mouvement dans le vélo ?

Comment fonctionne l'ensemble « pédalier (pédales et plateau), chaîne et pignon » ?

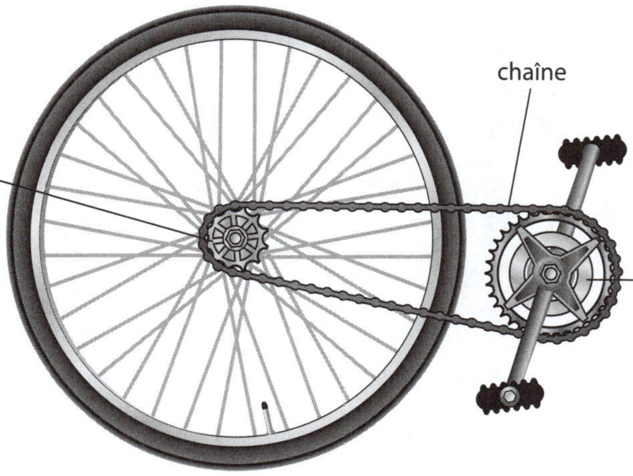

Combien le plateau a-t-il de dents ? ....

Combien le pignon a-t-il de dents ? ....

De combien de dents le pignon tourne-t-il quand le plateau :

tourne d'1 dent ? ....

tourne de 2 dents ? ....

tourne de 18 dents ? ....

Quand le pignon fait un tour complet (18 dents), la roue fait un tour complet.
Combien de tour(s) fait la roue quand le plateau de 36 dents fait un tour complet ?

....

....

Je conclus

Écris un texte qui résume ce que tu as appris.

....

....

....

....

J'utilise ce que j'ai appris

1 Complète les légendes des schémas avec les mots qui conviennent.

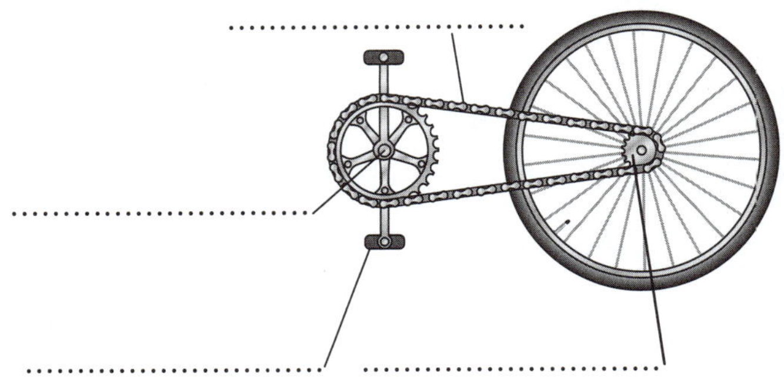

2 Complète ce raisonnement, puis calcule la distance parcourue quand le plateau fait un tour complet.

plateau 36 dents **pignon 18 dents**

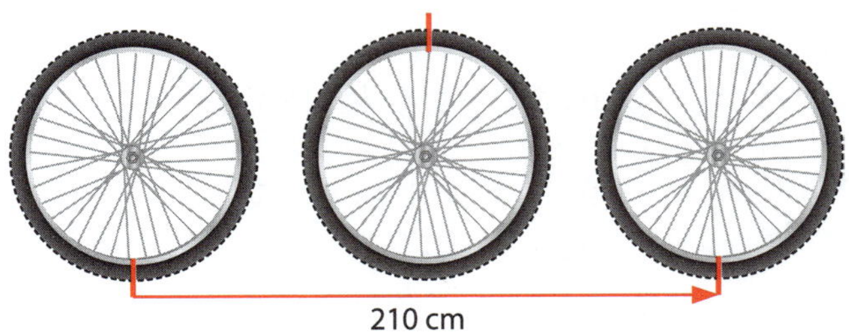

Distance parcourue en 1 tour de roue

1 tour de plateau = ... tours de pignon

1 tour de pignon = ... tour de roue

....

Je retiens

La bicyclette / le vélo

• fonctions techniques :

avancer, se propulser

• pédales, plateau et pignon entraînant la roue arrière

• 1 tour de pédale = plusieurs tours du pignon

se diriger

guidon ; roue avant

freiner

poignée de frein
câble de frein
patins de freins

asssurer le confort du cycliste

guidon

pneu

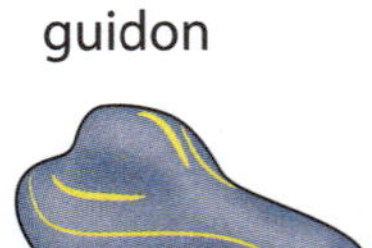

selle

13 Les objets techniques

Concevoir une solution technologique : les objets flottants

Je connais déjà

Certains matériaux flottent sur l'eau, d'autres coulent.
Pourtant, des bateaux flottent malgré leurs matériaux !

Observe ces photographies, puis réponds aux questions.

Quelle caractéristique doit avoir le radeau ?

....

Selon toi, quel mode de propulsion lui a permis de traverser la rivière ?

....

À ton avis, quel est le rôle des bidons placés sous le radeau ?

....

Quel mode de propulsion du radeau est envisagé ?

....

Que transporte cette péniche ? ce cargo ? ....

D'après toi, pourquoi ces bateaux ne coulent-ils pas ? ....

....

J'observe et j'expérimente

Quelles sont les conditions pour qu'un objet flotte ?

A Quels objets flottent ?

Réalise l'expérience et dessine les objets dans le bac correspondant.

liège verre métal bois plastique polystyrène

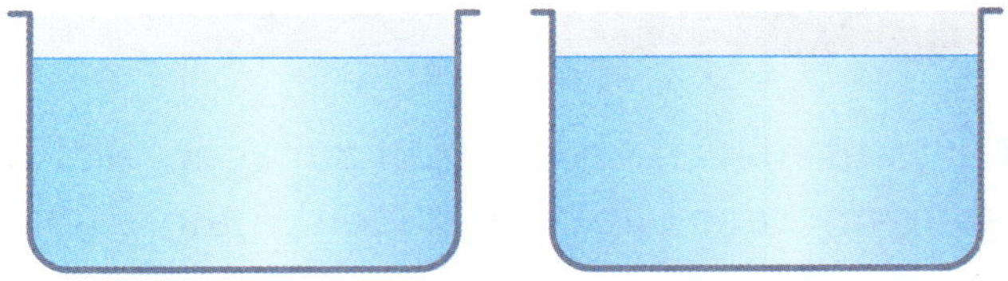

matières qui flottent — matières qui coulent

B La forme de l'objet a-t-elle de l'importance ?

Réalise cette expérience, puis réponds aux questions.

Mets une boule de pâte à modeler dans l'eau.
Que constates-tu ?

....

Modifie sa forme pour qu'elle flotte.
Quelle est la forme qui convient ?

....

Dessine le résultat que tu as obtenu.

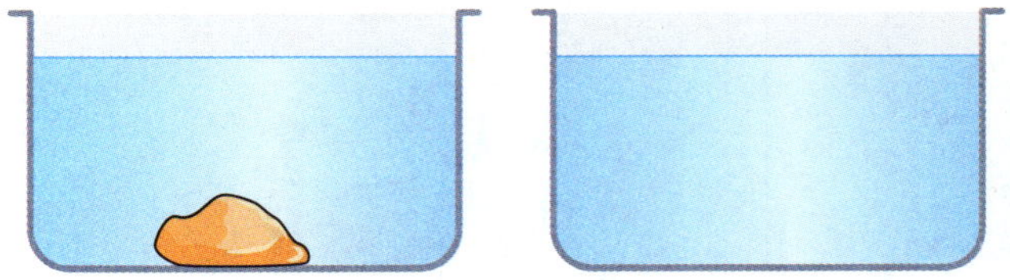

C La masse de l'objet a-t-elle de l'importance ?

Pour chaque objet, ajoute des masses marquées jusqu'à ce que l'objet soit sur le point de couler.

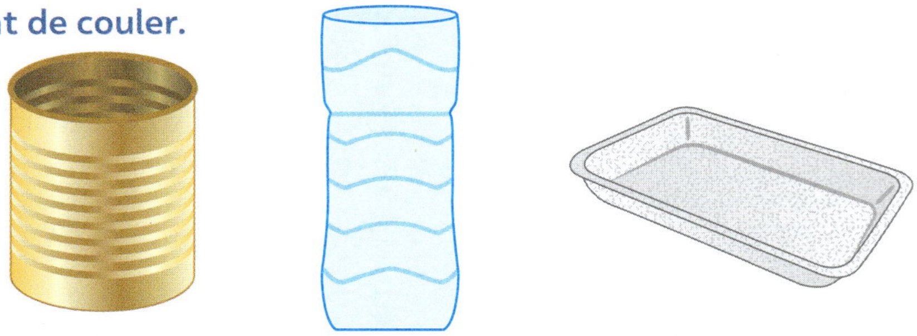

Dessine l'expérience avec la boîte de conserve.

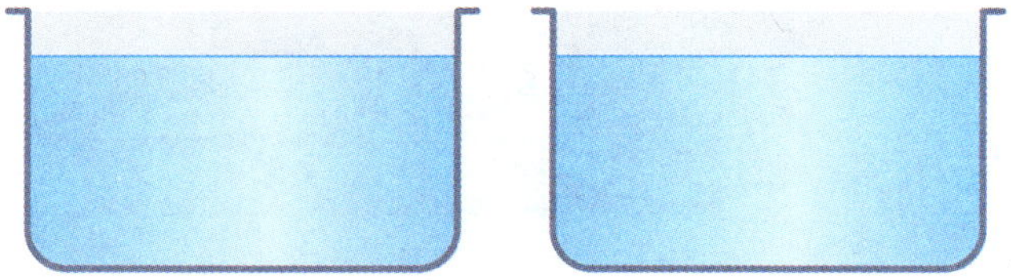

Complète le tableau.

Objet	Masse ajoutée
boîte de conserve	.... g
bouteille d'eau	.... g
barquette en polystyrène	.... g

Quelle(s) conclusion(s) tires-tu de ces trois expériences sur la flottabilité des objets ?

....

....

....

J'observe et j'expérimente

Comment fabriquer un bateau ?

Élabore un projet d'objet flottant en respectant les contraintes du cahier des charges.

Cahier des charges

L'objet flottant devra :

- être capable de transporter une masse de 1 kg ou plus sur l'eau, sur une distance de 60 cm minimum ;
- être stable et rester parfaitement horizontal.

Pour faire tes essais, tu peux utiliser une petite piscine gonflable remplie d'eau.

Schéma de ton projet

Le matériel dont j'ai besoin pour le réaliser :

....

....

Schéma de ton objet définitif (*après les essais*)

Mon objet flottant a réussi à transporter une masse de .... kg sur une distance de .... cm.

Je conclus

Écris un texte qui résume ce que tu as appris.

....

....

....

J'utilise ce que j'ai appris

1 Barre les objets qui ne flottent pas.

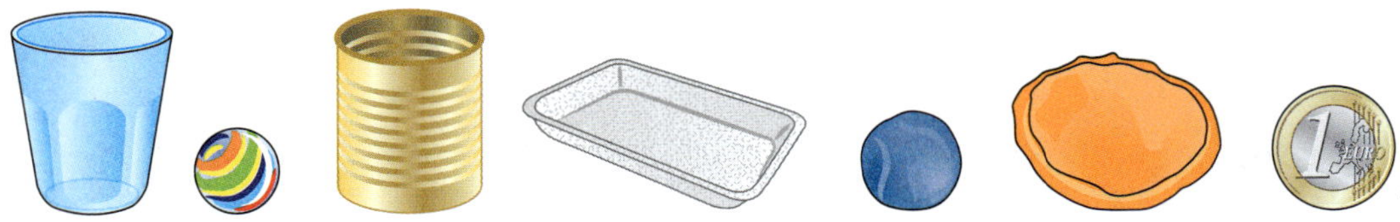

2 Lis les phrases et entoure VRAI ou FAUX.

• Un objet lourd ne peut pas flotter.	VRAI	FAUX
• Le métal est une matière qui flotte.	VRAI	FAUX
• La forme d'un objet est importante pour qu'il flotte.	VRAI	FAUX
• Le verre est une matière qui coule.	VRAI	FAUX
• La masse de l'objet et sa forme ont de l'importance dans la flottaison.	VRAI	FAUX

3 Ces trois bouteilles sont remplies d'une quantité inégale de sable. Elles ont trois masses différentes. Dessine les bouteilles B et C en prenant en compte leur masse.

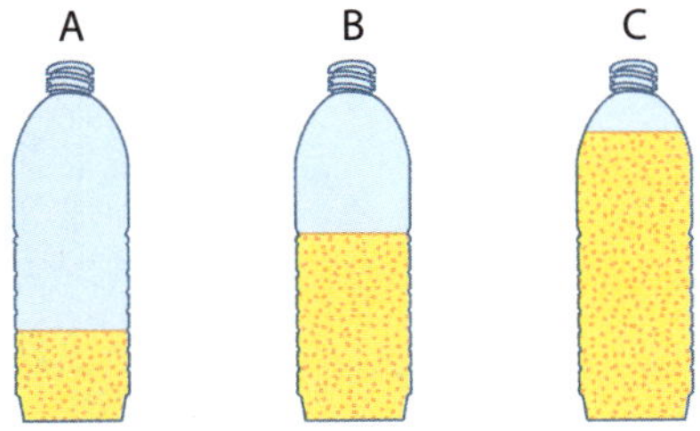

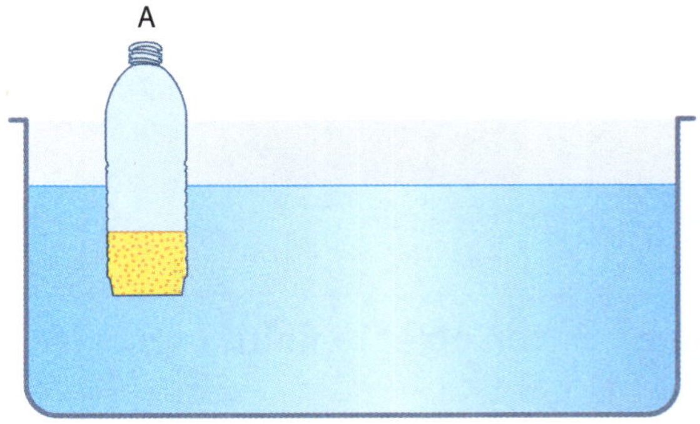

Je retiens

Flottabilité dans l'eau
(capacité à flotter dans l'eau)

influence de la matière

• matières qui coulent

• matières qui flottent

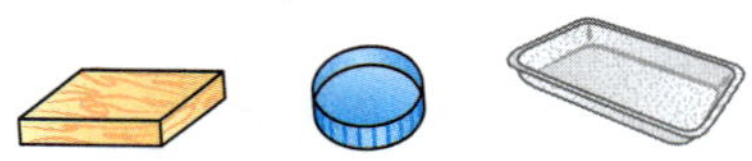

influence de la forme

Le métal ne flotte pas.
Mais une boîte métallique creuse flotte.
Un objet creux flotte mieux qu'un objet plein.

influence de la masse

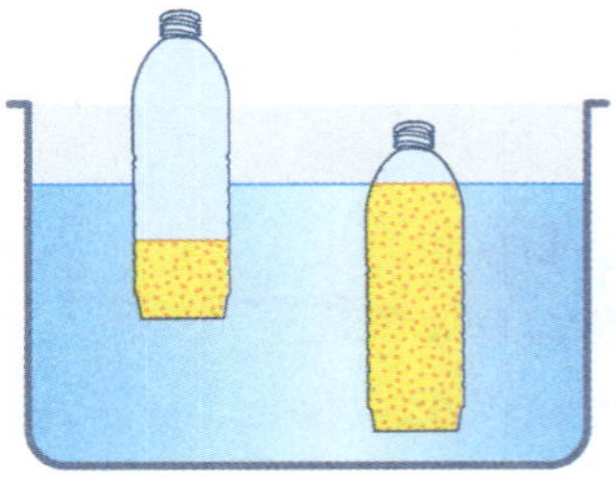

Plus la masse d'un même récipient est lourde, plus le récipient s'enfonce dans l'eau jusqu'à couler.

Mon lexique

1 Les propriétés de la matière

Retrouve les mots qui correspondent à ces définitions, puis recopie-les.

• Ce qui compose tous les êtres vivants et les objets.

M _ T _ _ R _ → ....

• La quantité de matière.

M _ S S _ → ....

• La place que la matière occupe dans l'espace.

V _ L _ M _ → ....

2 Les constituants d'un mélange

Complète les légendes des expériences.

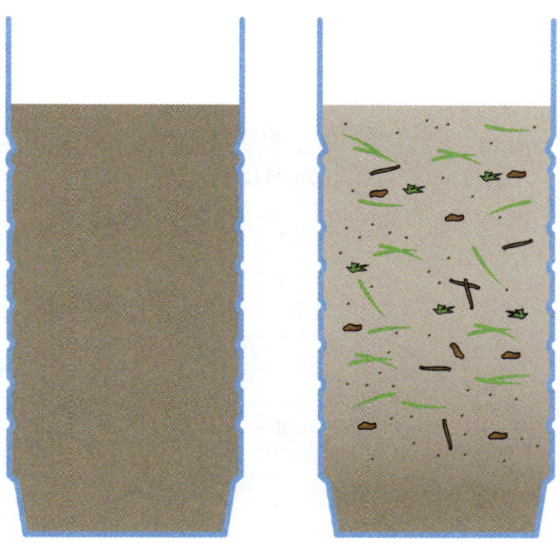

La ....

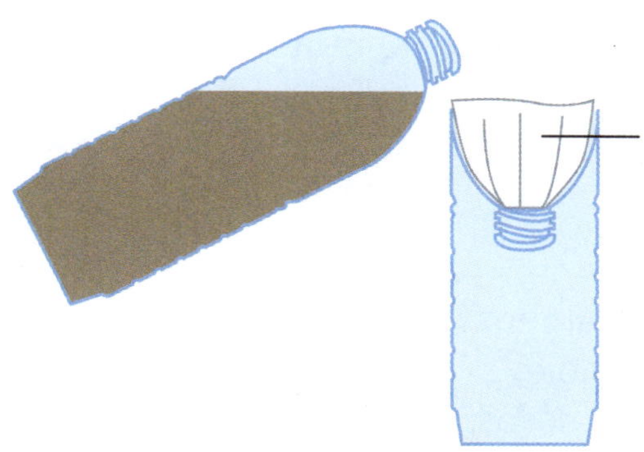

La ....

3 La transformation de l'énergie

Écris sous chaque dessin de quel type d'énergie il s'agit.

Énergie ....

Énergie ....

Énergie ....

Énergie ....

4 Identifier un signal et une information

Complète le schéma avec les mots qui conviennent.

Ce qui est communiqué

....

Celui qui envoie

....

→

Celui qui reçoit

....

5 Les objets en mouvement

Complète la grille de mots fléchés.

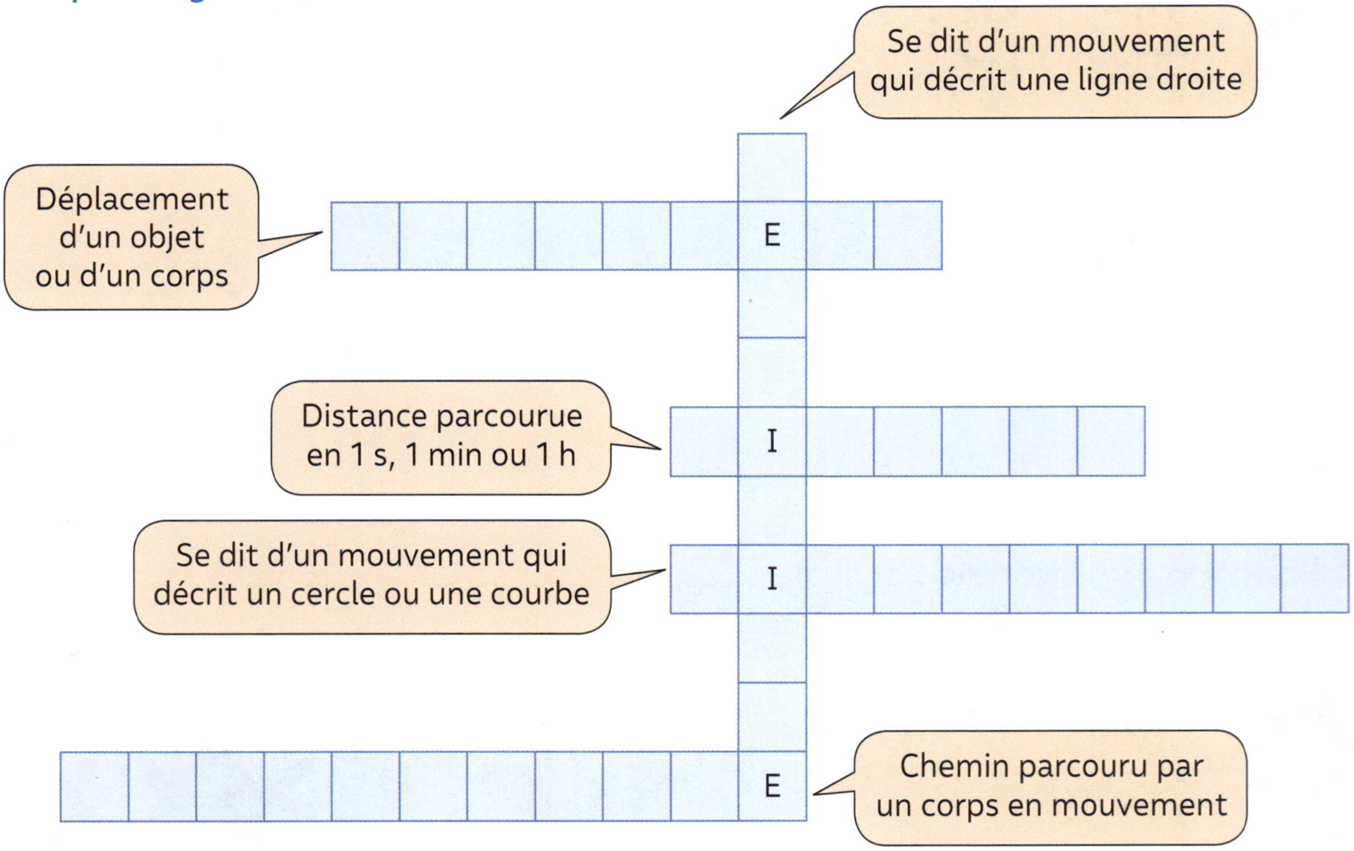

6 La Terre dans le système solaire

Remets les lettres dans l'ordre pour trouver le mot qui correspond à chaque définition.

• Étoile autour de laquelle la Terre tourne.

LSEOIL → ....

• Les corps célestes qui tournent autour du Soleil.

LÈTPANES → ....

• Moment de l'année où la durée du jour est égale à la durée de la nuit.

QENXOIUÉ → ....

• Moment de l'année où la durée du jour est la plus grande en été et la plus courte en hiver.

ESSLOTCI → ....

7 La biodiversité

Complète ce tableau avec des exemples ou un dessin.

Milieu	Espèce	Individu
Espace géographique composé de sa végétation et des animaux qui y vivent.	Ensemble d'animaux ou de végétaux semblables et qui se reproduisent entre eux.	Un être vivant appartenant à une espèce.
Exemples de milieux :	La jument et le	

8 La reproduction des végétaux

Complète avec les mots de la leçon : pollinisateur – fécondée – étamines – pistil.

insecte ....
(qui apporte le pollen)

....
(organe mâle du végétal)

....
(organe femelle du végétal)

La fleur est ....
(le pollen, la cellule mâle, fusionne avec l'ovule, la cellule femelle)

9 La reproduction de l'être humain

Complète la grille de mots fléchés.

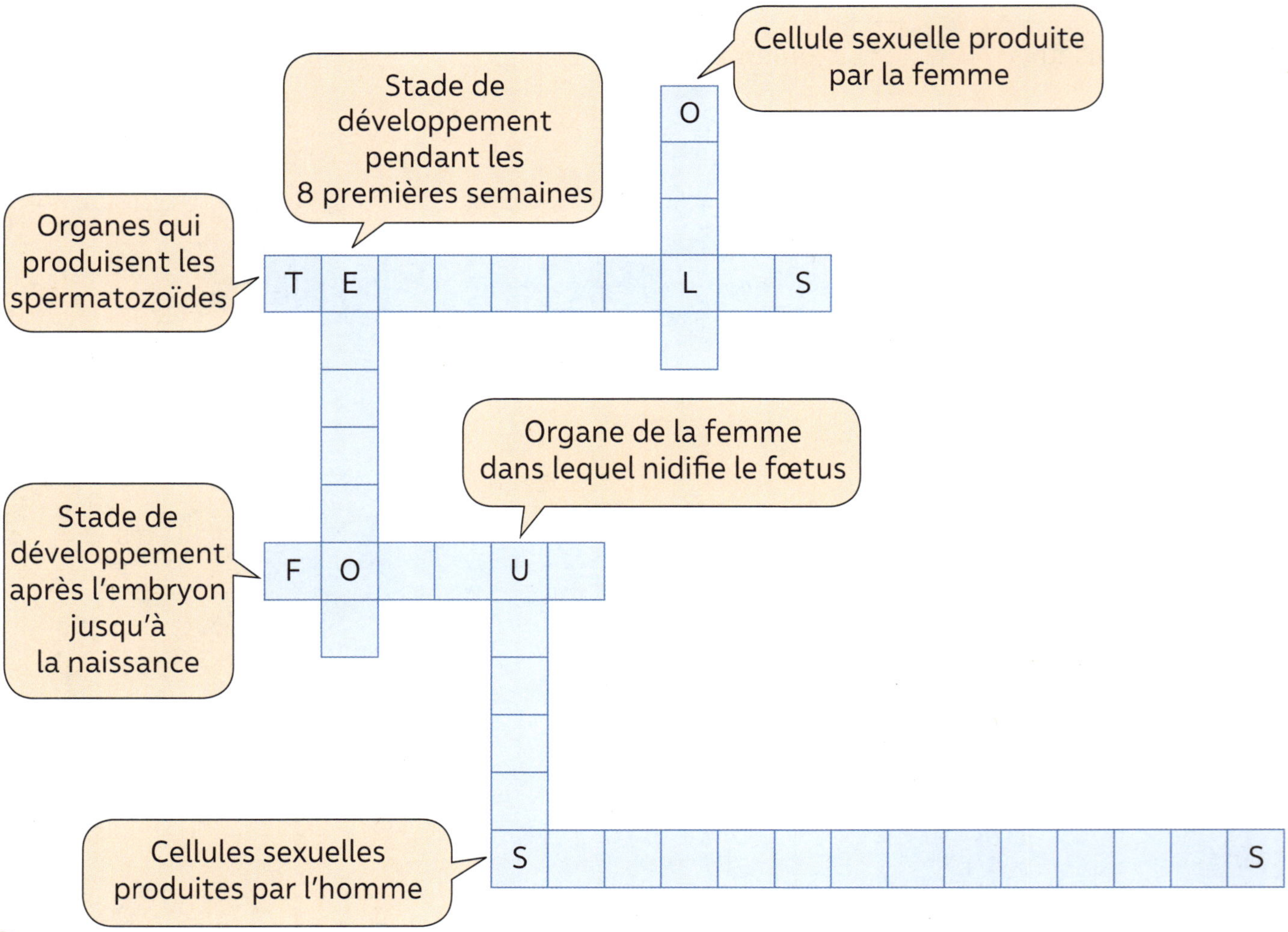

10 Les besoins alimentaires de l'être humain

Donne des exemples pour chaque mot de la leçon.

Les protides : ....

Les glucides : ....

Les lipides : ....

Les vitamines : ....

Les fibres : ....

11 L'évolution du vivant

Écris une phrase de ton invention pour expliquer les mots en couleur.

La vache et le chien ont plusieurs liens de parenté.

....

L'Australopithèque, l'*Homo habilis*, l'*Homo erectus* et l'*Homo sapiens* sont des hominidés.

....

12 Des objets pour se déplacer

Complète le schéma.

13 Concevoir une solution technologique : les objets flottants

Écris ta propre définition pour les mots suivants.

Couler : ....

Flotter : ....

Création des maquettes intérieure et de couverture : Florence Le Maux

Mises en pages intérieure et de couverture : Typo-Virgule

Illustrations : Alain Boyer (animaux et plantes) ; Sylvain Frécon (personnages) ; Gilles Poing (dessins techniques et cartes mentales)

Fabrication : Marc Chalmin

Édition : Marie Bolloré

Crédits photographiques :

Couverture : © monsitj / Fotolia ; © vladstar / Fotolia ; © yadviga / Fotolia ; © viperagp / Fotolia

Logo clé USB : © Mile / Fotolia

p. 7 : © sbossert / Getty Images ; © artisan263 / Fotolia ; © Sensay / Fotolia ; © akf / Fotolia

p. 10 : © pixarno / Fotolia ; © volff / Fotolia ; © Daniel Vincek / Fotolia ; © Timmary / Fotolia

p.11 : © Tom Cockrem / Getty Images ; © Milkos / Fotolia ; © Kaj R. Svensson / SPL - Science Photo Library / Biosphoto ; © fahrwasser / Fotolia

p. 15 : © digitalstock / Fotolia ; © Robert Kneschke / Fotolia ; © Justin Paget / Getty Images ; © hcast / Fotolia

p. 19 : © ANTONIO AYUSO / Fotolia ; © DAJ / Getty Images ; © Andrey Popov / Fotolia ; © proslgn / Fotolia

p. 20 : © snike / Fotolia ; © gilitukha / Fotolia ; © Gina Sanders / Fotolia ; © nocidar / Fotolia ; © MichaelUtech / Getty Images ; © der_chris87 / Fotolia

p. 22 : © Stocksnapper / Fotolia ; © Alexandr Bognat / Fotolia ; © makc76 / Fotolia ; © jojojo07 / Fotolia ; © Digital Vision. / Getty Images ; © andriano_cz / Fotolia

p. 23 : © rochagneux / Fotolia ; © Marek / Fotolia ; © helgidinson / Fotolia ; © Jacek Chabraszewski / Fotolia

p. 27 : © Alexander Erdbeer / Fotolia ; © sdecoret / Fotolia ; © tmass / Fotolia

p. 31 : © vlad61_61 / Fotolia ; © Robert Leßmann / Fotolia ; © Didier Fritz ; © rostovdriver / Fotolia

p. 32 : © sonne_fleckl / Fotolia

p. 33 : © Jim Zipp/ Ardea / Biosphoto ; © Frédéric Nevoit / Biosphoto ; © John Holmes / FLPA - Franck Lane Picture agency / Biosphoto ; © Steve Gettle / Minden Pictures / Biosphoto ; © André Simon / Biosphoto ; © Donald M. Jones / Minden Pictures / Biosphoto ; © Markus Varesvuo / Biosphoto ; © Steen Drozd Lund / Biosphoto

p. 34 : © by-studio / Fotolia ; © JPchret / Fotolia ; © Antoine Lorgnier / Biosphoto ; © Marc Rapilliard / Biosphoto ; © Josyane Breton / Biosphoto ; © Jean-Luc & Françoise Ziegler / Biosphoto

p. 35 : © Didier Fritz ; © Didier Fritz ; © jcg_oida / Fotolia ; © Didier Fritz ; © Branko Srot / Fotolia ; © Didier Fritz

p. 39 : © Science Picture Co / Getty Images ; © PROFESSORS P.M. MOTTA & J. VAN BLERKOM / SCIENCE PHOTO LIBRARY / Getty Images ; © Edelmann / SPL - Science Photo Library / Biosphoto ; © Steve Allen / Getty Images ; © Roc Canals Photography / Getty Images

p. 43 : © Syda Productions / Fotolia ; © M.studio / Fotolia ; © Adam Gault / Getty Images ; © travelbook / Fotolia

p. 47 : © Juan-Carlos Muñoz / Biosphoto ; © Stephen J Krasemann / Getty Images ; © Sylvain Sonnet / Getty Images ; © E R DEGGINGER / Getty Images

p. 51 : © Gary Ombler / Getty Images ; © Gary Ombler / Getty Images ; © connel_design / Fotolia ; © Heath Holden / Getty Images

p. 55 : © Photography by Mangiwau / Getty Images ; © Mathew Micah Wright / Getty Images ; © Stephanie Hager - HagerPhoto / Getty Images ; © Rebeca Mello / Contributeur / Getty Images

PAPIER À BASE DE FIBRES CERTIFIÉES

hachette s'engage pour l'environnement en réduisant l'empreinte carbone de ses livres. Celle de cet exemplaire est de :
0,58 kg éq. CO_2
Rendez-vous sur www.hachette-durable.fr

Imprimé en Italie par L.E.G.O. S.p.A. PLANT Lavis
Dépôt légal : Mai 2017 - Collection n° 39 - Édition n° 01
85/5826/1